...MENTAIRE

DE LA LOI DU 25 MAI 1864

SUR

LES COALITIONS

PAR

M. ÉMILE OLLIVIER

Avocat, Député.

Prix : 1 franc

PARIS

MARESCQ AINÉ, LIBRAIRE-ÉDITEUR

Rue Soufflot, 17

1864

COMMENTAIRE

DE LA LOI DU 25 MAI 1864

SUR

LES COALITIONS

Paris. — Imprimé par E. Thunot et Cᵉ,
rue Racine, 26.

COMMENTAIRE

DE LA LOI DU 25 MAI 1864

SUR

LES COALITIONS

PAR

M. EMILE OLLIVIER

Avocat, Député.

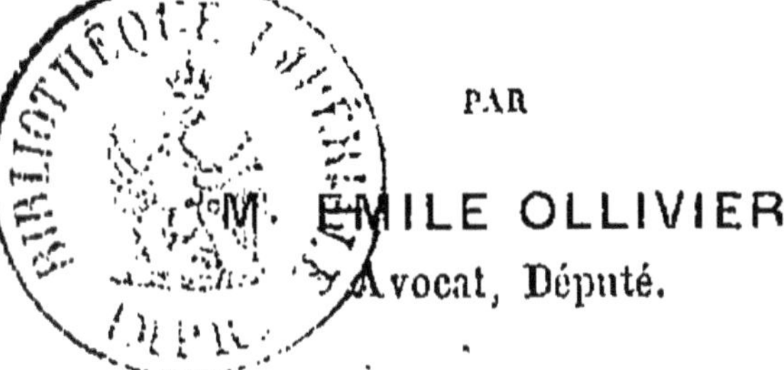

PARIS

MARESCQ AINÉ, LIBRAIRE-ÉDITEUR

Rue Soufflot, 17

—

1864

En préparant ce commentaire, je n'ai pas prétendu faire une œuvre scientifique. Ce n'était pas le cas. J'ai voulu simplement résumer dans quelques formules claires et sommaires les principales conditions auxquelles est désormais soumise la faculté de se coaliser, afin que les patrons et les ouvriers puissent, sans le conseil de personne, juger eux-mêmes de l'étendue de leurs droits et les exercer sans péril. Je compléterai ces premières indications à mesure que la pratique en démontrera l'insuffisance, ce qui, je l'espère, ne sera pas nécessaire, si les coalitions futures conservent le caractère de calme et de dignité paisible qu'elles ont eu récemment à Bordeaux et à Limoges.

Les diverses phases législatives des lois contre les coalitions ont été indiquées avec trop de détails dans le remarquable exposé des motifs de M. Cornudet et dans mon rapport, pour que je ne considère pas comme superflu de les reprendre dans une introduction. Le moment n'est point opportun non plus pour revenir sur ce qu'ont eu d'injuste, d'excessif, les critiques dont cette loi a été l'objet. Sans doute elle doit être complétée, mais elle n'en est pas moins une des meilleures qui aient été faites par le gouvernement actuel, une de celles dont doivent le plus se réjouir ceux qui considèrent l'amélioration du sort des travailleurs comme constituant le but supérieur de la politique. Depuis le commencement de ce siècle, le peuple n'a fait que deux conquêtes : l'une politique, l'autre sociale. La conquête politique, c'est le suffrage universel ; la conquête sociale, c'est le droit de se coaliser. Je considère comme un bonheur d'avoir contribué pour ma part au second de ces actes d'émancipation populaire. Quelques injures ou quelques froissements inattendus de cœur ne me semblent pas une rançon trop chère de cette bonne fortune.

15 juillet 1864.

Émile OLLIVIER.

TABLE.

Art. 1. Les art. 414, 415 et 416 c. pén. sont abrogés. Ils sont remplacés par les articles suivants :

Art. 414. Sera puni d'un emprisonnement de six jours à trois ans et d'une amende de 16 fr. à 3,000 fr., ou de l'une de ces deux peines seulement, quiconque, à l'aide de violences, voies de fait, manœuvres frauduleuses, aura amené ou maintenu, tenté d'amener ou de maintenir une cessation concertée de travail, dans le but de forcer la hausse ou la baisse des salaires ou de porter atteinte au libre exercice de l'industrie ou du travail.

Art. 415. Lorsque les faits punis par l'article précédent auront été commis par suite d'un plan concerté, les coupables pourront être mis, par l'arrêt ou le jugement, sous la surveillance de la haute police pendant deux ans au moins et cinq ans au plus.

Art. 416. Seront punis d'un emprisonnement de six jours à trois mois et d'une amende de 16 fr. à 300 fr., ou de l'une de ces deux peines seulement, tous ouvriers, patrons et entrepreneurs d'ouvrage qui, à l'aide d'amendes, défenses, proscriptions, interdictions prononcées par suite d'un plan concerté, auront porté atteinte au libre exercice de l'industrie ou du travail.

2. Les art. 414, 415 et 416 ci-dessus sont applicables aux propriétaires et fermiers, ainsi qu'aux moissonneurs, domestiques et ouvriers de la campagne.

Les art. 19 et 20 du titre 2 de la loi des 28 sept.-6 oct. 1791 sont abrogés.

COMMENTAIRE.

ARTICLE PREMIER.

Les art. 414, 415 et 416 c. pén. sont abrogés (1). Ils sont remplacés par les articles suivants :

---

(1) De l'abrogation des art. 414, 415 et 416 c. pén. il résulte que désormais les ouvriers et les patrons ont le droit de se coaliser librement.

MM. Rouland et Baroche, dans la discussion du Sénat (séance du 17 mai, *Mon.* du 18, p. 700, *col* 3 et 4), pour désarmer l'opposition soulevée par le projet, ont semblé dire que la loi ne reconnaissait pas le droit de coalition. Directement, non sans doute à cause de la nature de la loi pénale (V. *infrà* p. 93, Rapp., n° 18); mais elle le reconnaît indirectement, en abrogeant l'ancien délit de coalition. M. Rouland l'a reconnu lui-même. Après avoir dit : « Il n'y a pas de droit de » coalition dans la loi nouvelle qui est une loi pé- » nale, » il ajoute dans la même phrase : « Mais

» un délit de coalition qui existait avec la lé-
» gislation de 1849 n'existe plus avec la légis-
» lation de 1864. » Or, supprimer le délit de
coalition, n'est-ce pas reconnaître par là même
le droit de coalition ? M. Cornudet, commissaire
du gouvernement, exprimait bien mieux la
pensée du projet, lorsqu'il disait : « Ce que la loi
» a voulu, c'est accorder une liberté qui a ses
» dangers comme toute liberté, mais qui, en
» définitive, nous l'espérons, aura ce grand
» avantage de calmer le mécontentement et les
» prétentions extrêmes » (*Mon.* du 18 mai, p. 700,
col. 1). Voici dans quels termes non moins explicites, M. Emile Ollivier, dans son rapport au
Corps législatif, exposait la même pensée : « Les
» anciens art. 414 et 415 sont abrogés. L'art. 1
» le proclame en termes formels. Ceux qui les
» remplacent ne modifient pas l'ancien délit de
» coalition, ils en créent un nouveau : l'atteinte
» à la liberté du travail. Loin d'être une restric-
» tion du droit de se coaliser, ils en sont la garan-
» tie. Que dirait-on du propriétaire qui croirait
» son droit compromis, parce qu'on punit le vol ?
» C'est ce qu'il faudrait penser de ceux qui trou-
» veraient la liberté de se coaliser menacée, parce
» qu'on punit les violences et les fraudes »
(V. Rapp., n° 18).

ART. 414 (2).

Sera puni d'un emprisonnement de six jours à trois ans, et d'une amende de 16 fr. à 3,000 fr., ou de l'une de ces deux peines seulement (3), quiconque (4), à l'aide de violences, voies de fait (5),

---

(2) L'art. 414, ainsi que l'art. 415, prévoient le délit d'atteintes graves portées à la liberté du travail : dans l'art. 414, l'atteinte est portée par un seul ou par plusieurs, sans entente préalable ; dans l'art. 415, elle est le résultat d'un concert prémédité entre plusieurs.

(3) Les faits attentatoires à la liberté du travail pouvant être très-multiples, tantôt très-graves, tantôt très-légers, une grande distance a été laissée entre le maximum et le minimum de la peine, afin que le juge pût toujours proportionner la peine au délit. Cet écart entre le maximum et le minimum a également permis d'effacer toute pénalité spéciale contre les chefs ou meneurs (Rapport, n° 26).

(4) *Quiconque*, même quand celui-là ne serait pas un ouvrier.

(5) Il s'agit, bien entendu, de violences simples. Les violences qualifiées seraient punies

conformément aux art. 302, 304, 309, 312, 315, 279, 228, 263 c. pén. Le maximum de la peine contre la violence simple est de deux ans (art. 311). Il est ici porté à trois, à cause du caractère aggravant qui résulte de cette circonstance que la violence a été employée pour priver quelqu'un de la libre disposition de son travail.

« Un ouvrier, disait M. Emile Ollivier (séance
» du 30 avril, *Mon.* du 1ᵉʳ mai, p. 598, *col* 5),
» le dimanche, dans une rixe au cabaret avec
» son camarade, le frappe. Un autre organise
» une grève, il dit à son camarade : Suis-moi !
» Je ne veux pas te suivre, répond l'autre, je
» trouve ta querelle mauvaise ; j'ai une femme
» et des enfants dans une mansarde, il faut que
» je gagne leur pain. Là-dessus l'autre le bat :
» est-ce qu'il n'est pas plus coupable que l'ou-
» vrier qui, dans un moment d'émotion au ca-
» baret, a également frappé ? La raison n'existe
» plus au monde, ou il y a là deux cas diffé-
» rents, qui justifient l'existence de deux peines
» différentes... Frapper également ces deux
» faits qui sont si dissemblables dans leur impu-
» tabilité criminelle, ce serait vraiment établir
» un droit exceptionnel, un droit privilégié,
» puisque, par la peine égale, le fait le plus
» coupable, serait atteint moins sévèrement que
» l'autre » (V. Rapp., n° 22).

menaces (6) ou manœuvres frauduleuses (7),

---

(6) De même que la violence, la menace sera punie de peines plus sévères, si elle est qualifiée, aux termes des art. 305, 307, 308, 436 c. pén.

(7) Les manœuvres frauduleuses supposent la réunion de quatre circonstances : 1° La fraude ; —2° Des actes combinés artificieusement pour surprendre la confiance ; — 3° Des manœuvres de nature à faire impression ; —4° Des manœuvres déterminantes (V. Rapp., n° 22).

Sous la qualification de manœuvres frauduleuses il faut entendre les fausses nouvelles, la diffamation qui, dans ce cas particulier, ne seront pas réprimées en vertu des lois spéciales, mais en vertu de l'article. Le rapporteur a fait ressortir les conséquences graves qui résultaient de cette différence dans les termes suivants : « Ainsi, messieurs, supposez admis ce qu'on appelle le droit commun : il est incontestable que la fausse nouvelle sera atteinte par le décret de 1852, soit qu'elle résulte d'un écrit, soit qu'elle résulte de paroles, ainsi que l'a jugé la cour suprême. Or la fausse nouvelle, — cela a été également jugé, — est punissable, même lorsqu'elle a été répandue de bonne foi. — Dans notre projet de loi, au contraire, le délit d'atteinte à la liberté du travail n'existe que s'il y a eu intention méchante, mauvaise foi. De telle sorte qu'en le rapprochant du décret de 1852, nous avons le droit de dire que ce que nous apportons, c'est un allégement et non une aggravation. (Très-bien! très-bien!) — Je vous donne un autre exemple. Dans votre système, la loi sur la diffamation serait applicable aux ouvriers, et vous l'avez citée dans votre énumération. Vous n'ignorez pas cependant les conditions sévères, on peut dire cruelles, de la loi sur la diffamation. Vous savez que l'accusé ne peut pour sa défense faire la preuve des faits allégués, ce qui conduit à cette conséquence : qu'on peut être traduit devant un tribunal, et condamné pour avoir attribué à quelqu'un un fait dont il serait facile de démontrer la vérité. Dans notre projet de loi, au contraire, l'atteinte à la liberté du travail ne pouvant résulter que de manœuvres frauduleuses, c'est-à-dire de faits qui impliquent la mauvaise foi, les ouvriers ne pourront être punis pour des accusations de ce genre qu'autant qu'ils ne pourront pas en démontrer la vérité. Dans ce cas encore, en respectant ce qu'il y a de fondamental dans le droit commun, nous en avons adouci la rigueur. » (Séance du 2 mai, *Mon.* du 5, p. 608, *col.* 1).

Il va de soi que le simple mensonge ne constitue pas une manœuvre frauduleuse. Ce point

a été formellement établi dans la discussion.
M. Jules Favre ayant dit : « La cour de cassa-
» tion a décidé, contrairement à l'opinion de
» votre honorable rapporteur, que le mensonge
» ne pouvait jamais constituer la manœuvre
» frauduleuse, qu'il fallait que ce fût la fraude,
» qu'il y eût une action se rattachant à un but
» déterminé par la loi » (séance du 2 mai, *Mon.*
du 5, p. 607, *col.* 5), voici en quels termes le
rapporteur affirmait, à son tour, les véritables
principes : « Non, le simple mensonge ne suffit
pas pour constituer la manœuvre frauduleuse ;
aussi n'ai-je rien dit de pareil. Voici quelle a
été ma pensée, je me la rappelle très-bien. J'ai
dit qu'il ne pouvait pas y avoir de manœuvre
frauduleuse sans constatation d'un fait sciemment
mensonger. D'où je concluais que quelques difficultés qu'il pût y avoir à déterminer les limites
de la manœuvre frauduleuse, il n'en pouvait
exister aucune sur la condition fondamentale
sans laquelle elle ne peut exister, et que, dès
lors, en se consultant eux-mêmes à la lueur de
la flamme intérieure qui brille en chacun de
nous, les ouvriers pouvaient se rendre un
compte exact de ce qui leur est permis et de
ce qui leur est défendu, sans avoir recours aux
légistes ou aux philosophes. Mais je n'ai pas dit
du tout que le mensonge suffit et qu'il ne fût

aura amené ou maintenu (8), tenté (9) d'a-

---

pas nécessaire que d'autres éléments vinssent s'y joindre pour constituer la manœuvre frauduleuse complète » (*eod.*, p. 608. *col.* 1 et 2).

Lorsque le rapporteur cite comme exemple de manœuvre frauduleuse, au n° 22, *in fine*, de son rapport, ce fait, entr'autres, que des organisateurs de la grève, pour triompher des résistances, affirment des faits faux, il va de soi qu'il suppose cette affirmation mensongère accompagnée de manœuvres. Sans cela elle constituerait un simple mensonge et échapperait à la loi pénale. Le rapport le reconnaît formellement (V. n° 24).

(8) Maintenir une grève existante, qui cesserait sans l'emploi de la violence, ou en faire naître une par la violence, c'est commettre un fait d'une égale culpabilité (V. Rapp., n° 25).

(9) La première condition du délit de l'art. 414, c'est l'emploi *consommé* de la violence, des manœuvres frauduleuses ; la seconde, c'est l'atteinte au libre exercice de l'industrie et du travail (V. Rapp., n° 24).—Seulement il n'est pas nécessaire que l'atteinte à la liberté du travail soit, comme la violence ou la manœuvre frauduleuse, *consommée*, il suffit qu'elle ait été *tentée.*

mener ou de maintenir une cessation concertée de travail dans le but de forcer la
hausse ou la baisse des salaires ou de porter atteinte au libre exercice de l'industrie
ou du travail (10).

ART. 415 (11).

« Lorsque les faits punis par l'article pré-

La tentative prévue par l'art. 414 est celle
qui se manifeste par un *commencement d'exécution*, et qui n'a été suspendue que par des
circonstances indépendantes de la volonté de
son auteur (art. 2 c. pén). Les rédacteurs de
la loi ont entendu formellement repousser l'o-
pinion des jurisconsultes qui, comme Carnot (c.
pén. t. 2, p. 412), soutenaient, sous la législation
abrogée, que la tentative pouvait être déclarée
existante, indépendamment même d'un commencement d'exécution (V. Rapp., n° 24).

(10) On n'a pas cru possible d'indiquer par
voie d'énumération les faits constitutifs de l'atteinte à la liberté du travail. On se serait exposé à dire trop ou pas assez (V. Rapp., n° 25).

(11) Dans la discussion on a tenté de jeter
de l'obscurité sur l hypothèse de l'art. 415.
Elle est cependant bien simple, le rapport
s'explique ainsi : « L'art. 415 prévoit une cir-

constance aggravante du délit puni par l'article précédent. Dans l'art. 414, la violence ou la fraude est l'acte d'un seul ou de plusieurs qui ne s'étaient pas préalablement concertés. Dans l'art. 415, elle est l'acte de plusieurs qui s'étaient préalablement entendus et concertés pour la commettre. Cette entente constitue une aggravation de la culpabilité, devant entraîner une aggravation de peine. L'art. 109 du Code pénal punit de six mois de prison au moins et de deux ans de prison au plus celui qui, par attroupement, voies de fait ou menace, aura empêché un ou plusieurs citoyens d'exercer leurs droits civiques. L'art. 110 ajoute aussitôt : « Si ce crime a été commis par suite d'un plan concerté pour être exécuté, soit dans tout l'empire, soit dans un ou plusieurs départements, soit dans un ou plusieurs arrondissements communaux, la peine sera le bannissement. » — L'art. 415 est analogue à l'art. 110. L'aggravation de peine qu'il prononce consistera en la *faculté* pour le juge de placer le coupable sous la surveillance de la haute police pendant deux ans au moins, cinq ans au plus. Cette peine spéciale est du reste limitée à ce cas unique. Le projet du Conseil d'état l'étendait aux auteurs de provocations suivies d'effets et aux chefs ou moteurs.

M. Jules Favre s'était mépris sur la portée de l'article, lorsqu'il s'écriait : « Qu'on nous dise
» comment, la coalition étant permise, la coa-
» lition supposant nécessairement un plan con-
» certé, le plan concerté peut devenir un motif
» d'aggravations pour les faits qui se produi-
» sent dans le sein de la coalition. »

L'honorable orateur, en parlant ainsi, ne prenait pas garde que le plan concerté était un motif d'aggravation, non pour les faits *qui se produisent dans le sein de la coalition*, mais pour les faits de violence, les manœuvres qui se produisent en dehors de la coalition, pour l'amener ou pour la maintenir. Les paroles prononcées par le rapporteur en réponse à cette interprétation erronée ne laissent subsister aucun doute : — « Il s'est passé ceci : plusieurs personnes, après avoir vainement tenté de produire une coalition, se réunissent et disent : L'obstacle à nos projets, c'est la résistance de tel personnage, ouvrier ou non, qui exerce une certaine influence sur les autres ; ne pouvant le vaincre autrement, ayons recours ensemble à tel ou tel moyen, à la violence, à la menace, à la fraude. Le concert ne porte pas, vous le saisissez bien, sur une question de travail, sur l'abandon simultané des ateliers, ce qui est licite. — Il porte sur l'emploi, par plusieurs, de la violence, de la menace ou de la manœuvre frauduleuse, pour contraindre les ouvriers qui résistent à entrer dans une grève. L'acte coupable que l'art. 414 suppose accompli en vertu d'une initiative individuelle se produit, dans l'hypothèse de l'art. 415, après une délibération, un concert, une entente. — N'est-il pas évident que, dans le second cas, la culpabilité est plus grande que dans le premier? N'est-il pas évident que, lorsque plusieurs personnes commettent une violence après s'être entendues, leur acte est plus coupable et plus dangereux que lorsque le délit est le fait d'une seule personne on de plusieurs qui ne se sont pas préalablement concertées? (C'est vrai.) — L'art. 415 ne signifie rien autre, et, si on l'avait lu sans préoccupation, on n'aurait pu s'y méprendre. Il est ainsi conçu : « Lorsque les faits punis par l'article précité auront été commis par suite d'un plan concerté... » il ne dit pas : Lorsque les faits auront été commis dans une coalition, ou bien lorsqu'ils seront la conséquence d'un plan concerté pour arrêter le travail. Non! lorsque les faits auront été commis par suite d'un plan concerté, les coupables pourront être punis, etc. A une telle disposition, on ne peut faire aucune objection raisonnable....

. . . Dans l'article 415, je le répète, nous

cédent auront été commis par suite d'un plan concerté, les coupables pourront (12) être mis, par l'arrêt ou le jugement, sous la surveillance de la haute police pendant deux ans au moins et cinq ans au plus.

ART. 416 (13).

« Seront punis d'un emprisonnement de

---

n'avons puni avec une sévérité plus grande que le concert, non pour cesser le travail, non la coalition, mais le concert pour se servir de manœuvres frauduleuses ou de violences coupables contre ceux qui ne veulent pas se mêler à la coalition, le concert pour porter atteinte par des moyens coupables à la liberté d'autrui » (Séance du 2 mai, *Mon.* du 3, p. 608, *col.* 2).

Du reste, cet article, on peut l'espérer, sera simplement comminatoire. Dans l'histoire des grèves de nos ouvriers, on a quelquefois signalé des actes de violence isolés ; rarement on a eu à réprimer une association, une entente pour commettre des violences.

(12) Ainsi la peine de la surveillance n'est que facultative. Il est à souhaiter que le juge n'applique que très-rarement une peine qui ne doit être réservée qu'à des crimes d'une nature particulièrement redoutable pour l'ordre social.

(13) L'art. 416 punit les atteintes légères por-

six jours à trois mois, et d'une amende

---

tées à la liberté du travail. On a essayé de jeter de l'obscurité sur cet article, plus encore que sur l'art. 415. On est allé jusqu'à y voir l'interdiction, sous une forme détournée, du droit de se coaliser reconnu implicitement, mais formellement, par l'art. 414. « S'il n'y a pas de » proscriptions, s'il n'y a pas d'interdictions, » s'il n'y a pas de défenses, il n'y a pas de coa- » litions, disait M. Jules Favre. Ce que vous sai- » sissez ainsi surtout, messieurs, dans l'art. 416, » c'est précisément la coalition en exercice, et » il faut avoir le courage d'aller jusqu'au bout » et dire que de semblables faits, quand ils se » rattachent à la coalition, précisément parce » qu'ils en sont une nécessité, ne sauraient être » coupables; ou bien il faut renoncer à cette » déclaration pompeuse que les coalitions sont » permises, quand, en réalité, elles sont défen- » dues par la loi. » Le rapporteur n'eut pas de peine à rétablir le véritable sens de l'art 416. « L'article, dit-il, atteint un certain nombre de faits d'intimidation ; c'est la caractérisation générale. Ces faits d'intimidation sont des amendes, des défenses, des prohibitions, des proscriptions ou des interdictions, expressions qui, dans le langage des ateliers, ont une signification tellement claire qu'elles n'ont jamais de 16 fr. à 300 fr., ou de l'une de ces deux

---

donné lieu à la moindre difficulté. Quand ces faits se seront produits, l'art. 416 sera-t-il applicable? Non, messieurs, il faudra une seconde condition : c'est qu'en réalité, ils aient porté atteinte à la liberté du travail ; c'est-à-dire que l'intimidation non-seulement ait été tentée, mais qu'elle ait produit ses résultats. Cela n'est pas tout. Le délit n'existera pas même alors, quoique le fait ait déjà tous les caractères suffisants pour motiver l'établissement d'une peine. Il faudra, en troisième lieu, que l'interdiction, que la défense, que l'intimidation soient le résultat d'un concert établi entre plusieurs personnes, pour porter, par ce moyen, atteinte à la liberté du travail, et notamment à la liberté des ouvriers. Quel rapport y a-t-il entre cette disposition et l'ancien délit de coalition? Le fait de s'être concerté était, dans l'ancienne législation, l'élément unique du délit ; aujourd'hui il n'est pas même l'élément qui le détermine, il n'est que la condition qui doit s'ajouter à des éléments préexistants et coupables pour motiver la création du délit nouveau d'atteinte à la liberté du travail.

» Dans l'ancienne législation, on se concertait ; on avait raison, on avait tort ; on employait la violence et l'intimidation, ou on ne l'employait peines seulement, tous ouvriers, patrons

---

pas, il importait peu ; le fait simple de quitter simultanément le travail en vertu d'une entente était déclaré coupable et punissable. — Dans notre loi, on se concerte, on se coalise, on quitte les ateliers ; le fait est innocent ; seulement si le concert a lieu, non pour conquérir les conditions légitimes du travail, mais pour porter atteinte à la liberté d'autrui au moyen d'intimidations légères, telles qu'amendes, proscriptions, dans ce cas, on est coupable ; de quel délit? du délit de coalition? Non, mais du délit d'atteinte à la liberté du travail. Aussi ne seront poursuivis que ceux qui se seront spécialement concertés pour prononcer les amendes ou les interdictions, et non les participants à la coalition qui auront ignoré cette entente spéciale, ou qui n'y auront pas concouru.... »

« ... En vérité, messieurs, il faut avoir été sous l'influence d'une préoccupation que je ne m'explique pas pour avoir confondu deux ordres d'idées aussi distincts et avoir vu dans l'art. 416 une résurrection des peines contre le délit de la coalition.... »

« ... Non, il n'est pas vrai de dire que nous ayons indirectement, sous le nom de concert, puni le fait qu'on appelait autrefois le fait de coalition ; le fait de coalition est licite : ce qui

et entrepreneurs d'ouvrage qui, à l'aide
d'amendes, défenses, proscriptions, interdictions (14) prononcées par suite d'un

---

ne l'est pas, c'est le fait d'atteinte à la liberté
du travail. (C'est cela! très-bien!) » (Séance du
50 avril, *Mon.* du 1ᵉʳ mai, p. 598, *col.* 1 et 2).

S'il était vrai qu'aucune coalition ne fût possible sans l'emploi, par les ouvriers, de la violence et de l'intimidation, il en faudrait conclure,
non que la violence et l'intimidation doivent
être autorisées, ce qui serait destructif de tout
ordre social, mais bien que les coalitions doivent
être sévèrement interdites. Heureusement que
les affirmations des détracteurs de la loi ne
sont pas exactes, et qu'il est facile de citer des
exemples de coalition exemptes de tout caractère violent et frauduleux : celle des ouvriers
typographes, en 1862, est de ce nombre. Les
ouvriers de Limoges et ceux de Bordeaux viennent de fournir récemment deux exemples de
coalitions calmes, paisibles, ni violentes, ni frauduleuses.

(14) Dans le rapport très-remarquable fait en
Angleterre en septembre 1860 par le comité
désigné par l'association pour l'avancement des
sciences sociales (*Trades' societies and strikes,
Report of the Committee on Trades' societies*

appointed by the national association for the promotion of social science. London. John W. Parker and son. 1860), on trouve un très-grand nombre d'exemples de nature à préciser le sens des mots *damnations, interdictions.* Ainsi les ouvriers fabricants de chaînes des comtés du Middland publièrent dans un journal le nom des ouvriers qui ne faisaient pas partie de leur union, avec cet avis : « Le grand cas que ces » hommes font de leurs intérêts et ceux de leur » famille les empêche de payer 5 deniers par » semaine pour améliorer la situation générale » du métier. Dans ce pays libre, nous sommes » fiers de reconnaître que chaque homme a le » droit de faire ce qui lui convient, tant qu'il ne » nuit pas à son voisin, mais on se souviendra » longtemps de leur conduite. » — « La publi-» cation de cette liste, dit le rapporteur du co-» mité, doit être considérée comme une tache » pour le journal. C'est une liste de proscription » sociale ou d'excommunication, et, comme elle » s'adresse à des hommes sans éducation, elle » ne peut qu'avoir favorisé les mauvais senti-» ments et encouragé les outrages criminels » qui ont signalé cette grève des fabricants de » chaînes. »

Dans un rapport de la Société des fabricants de voiture de décembre 1859, on promet une

liste des maisons mises en interdit, *maisons noires*, et on donne une liste de **182** ouvriers noirs avec cette explication : « Plusieurs mem-
» bres ont confondu l'ouvrier noir avec l'ouvrier
» non associé : nous devrions bien faire com-
» prendre que l'ouvrier noir est celui qui, à un
» moment quelconque, a travaillé dans une
» maison mise par nous en interdit, et cela, tant
» que l'interdit n'est pas levé, et il peut subsis-
» ter pendant plusieurs années. »

La règle 25 des Statuts des tailleurs de Glascow porte : « Pendant le temps d'une grève,
» si quelqu'un va dans un atelier qui est en in-
» terdit... son nom sera imprimé et on le fera
» circuler dans la ville et dans le pays avec la
» plus grande publicité possible. »

Souvent encore les ouvriers qui sont en grève se rassemblent dans quelque lieu, et, au moment où les ouvriers réfractaires viennent au travail, ils se mettent au travers du chemin et leur adressent sans violences, ni menaces, du ton le plus civil, des questions comme celle-ci : Ne voulez-vous pas nous accompagner au meeting des ouvriers? Ou bien ils les saluent par des grognements. Ces procédés ont beaucoup d'action sur les ouvriers.

Pour obliger à payer la contribution qui fait vivre la grève, on publie dans le bilan mensuel

plan concerté (15), auront porté atteinte
au libre exercice de l'industrie ou du travail (16). »

---

ou hebdomadaire la liste des souscripteurs, et
on les fait suivre d'avertissements à ceux qui
ne payent pas. Les contribuables en retard sont
désignés, soit par leur nom, soit par le numéro
de leur métier : « Un tel, ou tel numéro ne
» paye pas, honte ! » Ou bien : « Celui-ci ne
» paye pas. Punch le visitera la semaine pro-
» chaine, et dira où il a passé la nuit der-
» nière. » Les bilans mensuels du Lancastre
contenaient même des outrages plus graves,
des médisances et des diffamations contre les
femmes des ouvriers réfractaires.

(15) Le plan concerté est la première condition pour que le délit de l'art. 416 existe. Quand
l'atteinte à la liberté du travail est grave, le
délit existe, même quand le fait émane d'un individu isolé (art. 414). Le concert n'est qu'une
circonstance aggravante (art. 415). Lorsque l'atteinte à la liberté du travail est légère, le concert n'est plus une circonstance aggravante,
mais bien une circonstance constitutive ; dès
qu'il manque, le délit n'existe pas.

(16 Le prononcé de l'amende, de l'interdic-

ART. 2.

Les art. 414, 415 et 516 ci-dessus sont applicables aux propriétaires et fermiers, ainsi qu'aux moissonneurs, domestiques et ouvriers de la campagne.

Les art. 19 et 20 du titre 2 de la loi des 28 septembre-6 octobre 1791 sont abrogés (17).

---

tion, de la damnation, ne suffit pas pour constituer le délit ; il faut, en outre, qu'il soit prouvé en fait que cette amende, cette interdiction, cette damnation ont réellement porté atteinte à la liberté du travail (V. Rapp., n° 28).

(17) Les anciens art. 414, 415 et 416 ne s'appliquaient pas aux conditions des ouvriers de la campagne. Elles étaient régies par les dispositions de la loi de 1791. Désormais il n'y aura plus aucune différence entre l'ouvrier des villes et celui des champs ; l'un et l'autre pourront se coaliser, mais à l'un comme à l'autre il sera interdit de porter atteinte par la violence ou la fraude à la liberté d'autrui (V. Rapp., n° 29).

RAPPORT

FAIT AU NOM DE LA COMMISSION (1)
CHARGÉE D'EXAMINER LE PROJET DE LOI RELATIF
AUX COALITIONS,

PAR

M. ÉMILE OLLIVIER,

Député au Corps législatif.

1. Messieurs, je viens vous rendre compte des travaux de la commission que vous avez chargée d'examiner le projet de loi relatif à l'abrogation des art. 414,
415, 416 c. pén. et à leur remplacement par de nouvelles dispositions. Bien que trois articles seulement
nous aient été soumis, nous avons dû consacrer à leur
étude de nombreuses séances, tant sont importants
et délicats les intérêts politiques, économiques, sociaux, qui se rattachent à la question des coalitions
de patrons et d'ouvriers Je ne puis avoir l'espérance
de reproduire toutes les idées qui ont été exprimées
durant les consciencieuses discussions de votre commission. J'essayerai du moins de ne rien omettre d'essentiel. Avant d'aborder l'explication même de la loi, j'ex-
poserai les principes qui l'ont inspirée. Comme l'origine

(1) Cette commission était composée de MM. Che-
vandier de Valdrôme, président; Thoinnet de la Tur-
melière, secrétaire; Jules Simon, Arman, Buffet, Paul
Dupont, Emile Ollivier, Nogent Saint-Laurens, Pinard.

Les conseillers d'Etat, commissaires du gouvernement, chargés de soutenir la discussion du projet de
loi, étaient MM. Cornudet et Lenormand.

des peines contre les coalitions se retrouve dans le régime des anciennes corporations d'arts et métiers, dont
quelques personnes rêvent encore la résurrection, je
m'arrêterai un instant devant cette organisation, afin
que les intéressés soient en mesure de décider eux-
mêmes si c'est du rajeunissement de ce système qu'ils
doivent attendre l'amélioration de leur sort.

I

2. En 1789, à côté de la révolution politique et
sociale, s'est opérée une révolution économique. La révolution politique a couvert de sa grandeur et du re-
tentissant éclat de ses événements la révolution économique, et cependant la seconde a été aussi profonde,
aussi radicale, aussi féconde que la première. Elle peut
se résumer et se caractériser d'un mot : elle a substitué, en principe du moins, le régime de la liberté du
travail et de l'industrie à celui de la réglementation,
des monopoles et des priviléges. — Turgot avait dit
magnifiquement : « Dieu, en donnant à l'homme des
besoins, en lui rendant nécessaires les ressources du
travail, a fait du droit de travailler la propriété de tout
homme, et cette propriété est la première, la plus sacrée, la plus imprescriptible de toutes. » Adam Smith
avait exprimé la même idée avec une égale énergie :
« La plus sacrée et la plus inviolable de toutes les propriétés est celle de son propre travail, parce qu'elle est
la source originaire de toutes les autres propriétés. Le
patrimoine du pauvre est dans sa force et dans l'adresse
de ses mains, et l'empêcher d'employer cette force et
cette adresse de la manière la plus convenable, tant

qu'il ne porte dommage à personne , est une violation manifeste de cette propriété primitive. » Ces belles maximes n'avaient pu , malgré les efforts de quelques hommes de bien et la bonne volonté de Louis XVI, descendre des livres des philosophes et des économistes dans les prescriptions pratiques de la loi. La révolution française osa croire que ce qui était vrai, juste en soi, ne pouvait devenir nuisible dans l'application, et réalisant ce que Turgot et Adam Smith avaient conçu, elle affirma que la faculté de travailler est un des premiers droits de l'homme et que « l'âme de l'industrie est la liberté » (séance du 15 fév. 1791).

On se figure malaisément, aujourd'hui que ces vérités sont devenues les lieux communs de nos esprits, par quelles dures entraves la liberté du travail était gênée dans l'ancien régime L'agriculture elle-même, de laquelle il est exact de dire, avec Boisguilbert, que la liberté y est la commissionnaire de la nature, n'avait pas échappé aux règlements. En 1692-93, on ordonnait d'ensemencer; en 1709, on le défendait. Tout changement à l'assolement était interdit comme portant atteinte à la subsistance publique. En 1747, on relève encore un édit qui défend de planter des vignes sans autorisation. — Toutefois, le commerce et l'industrie étaient le domaine préféré de la réglementation. Là, elle s'était donné libre carrière. La constitution des corporations d'arts et métiers a été son œuvre la plus parfaite.

5. A l'origine, les corporations, appelées autrement *universités*, avaient été une organisation défensive

-contre les oppressions diverses, qui, sous le régime féo-
dal, pesaient sur le faible, et aussi, il faut le reconnaître, une école de discipline, d'ordre, de sage hié-
-rarchie pour les travailleurs, une cause d'excitations
profitables pour les maîtres, le point de départ d'une
ère de perfectionnement et de prospérité pour l'industrie nationale. — A la longue, elles étaient devenues
un moyen d'exploitation, une occasion de monopole,
un motif d'infériorité pour l'industrie et un prétexte
à des abus intolérables. Les rois en avaient fait un
instrument de fiscalité, un procédé pour battre monnaie
ou pour percevoir plus facilement la taille. Les maîtres, de leur côté, par la diminution du nombre des
maîtres, par l'augmentation des frais de l'éducation
professionnelle, s'étaient assurés la certitude des gains
faciles, la possibilité de restreindre la concurrence, d'a-
mener la hausse factice des prix, de rançonner à merci
le consommateur et de tenir, sous une sujétion com-
mode, le pauvre peuple des travailleurs.

Les développements de ce système sont curieux à étu-
dier. Au treizième siècle, Louis IX chargea le prévost
de Paris, « le prud'homme » Etienne Boileau, d'ouvrir
une enquête au Châtelet et d'y recueillir les us et cou-
tumes des corporations alors existantes. Les règles de
cent professions, à peu près, nous sont ainsi parvenues.
Elles présentent la plus grande diversité, notamment
en ce qui concerne l'apprentissage. Tout diffère suivant
les professions : le nombre des apprentis qu'on peut
recevoir, le temps d'apprentissage, le prix. Il n'y a d'u-
niformité que sur quelques points, tels que l'obligation
réciproque pour le maître et l'apprenti de ne pas se

quitter avant l'expiration du temps fixé, et la dispense, pour le fils du maître, de se soumettre aux exigences communes. Du reste, les femmes ne sont pas exclues des métiers ; la broderie était exercée par les *brode-resses* aussi bien que par les *broudeurs*, etc.

Dans les dernières années de la monarchie, au contraire, l'esprit d'exclusion a tout envahi : une uniformité tyrannique se marque dans toutes les règles de l'apprentissage, devenu pour l'apprenti, comme l'a dit avec raison Rossi, une sorte de servitude temporaire. Les artisans, pour devenir maîtres, sont obligés de supporter des dépenses excessives. Après les longues années de l'apprentissage, cinq, sept, huit ans, ils doivent consacrer un an et quelquefois plus à confectionner ce qu'on appelle le chef-d'œuvre. Si ce travail est trouvé mauvais, il est rompu ; et la décision favorable ou contraire est moins assurée par le mérite que par « les infinis présents et banquets. » Aussi, malheur au pauvre ; il se traînera perpétuellement dans la médiocrité, « besognant en chambre. »

Une fois admis dans une corporation le travailleur y est rivé : il ne peut exercer un autre métier sans un nouvel apprentissage. Quand les circonstances créent un déficit de travail d'un côté en même temps qu'un excédant de l'autre, le déplacement et la circulation des travailleurs étant interdite, les uns étaient accablés de demandes qu'ils ne pouvaient satisfaire, tandis que les autres cherchaient en vain, dans une profession en souffrance, le salaire indispensable à leur subsistance et à celle de leur famille. Quant aux femmes, elles n'étaient plus admises à la maîtrise même comme brodeuses, marchandes de modes ou coiffeuses. « Ce qui semblait, en les condamnant à une misère inévitable, seconder la corruption et la débauche (1). » Dans certaines communautés, le mariage était aussi un motif d'exclusion.

L'oppression du travailleur entraînait, par une conséquence nécessaire, l'oppression du travail. Chaque profession était renfermée dans des limites sévèrement déterminées, et assujettie à des règles étroites de fabrication. Il était prohibé dans la plupart des métiers de travailler à la lumière, parce qu'on supposait que l'ouvrage ainsi fait serait défectueux.

La distinction entre les métiers étant arbitraire, fournissait matière à d'interminables procès. On a évalué à 800,000 livres les sommes que les communautés dépensaient annuellement en procès. Les contestations « que ce régime occasionnait étaient une des sources les plus abondantes des profits des gens du palais. » Si l'on a pu déterminer les dépenses des procès, on n'a pas pu évaluer les obstacles de tous genres que de telles gênes opposaient à l'introduction des industries nouvelles. La liberté n'existait qu'à titre de privilége au profit de ceux que le roi prenait spécialement sous sa protection, ou qui l'obtenaient implicitement en venant se fixer dans des lieux réservés, tels que les enclos du Temple et du Louvre, le faubourg Saint-Antoine.

Ces contraintes ne lésaient pas uniquement des in-

---

(1) Il y avait cependant encore des corporations de bouquetières, fleuristes et fruitières.

térêts privés : la richesse nationale était atteinte. La liste serait longue des branches de nos industries que les exigences de la réglementation officielle ont compromises ou tuées. Je n'en donnerai qu'un exemple. Les Levantins et les Persans achetaient des ciseaux non trempés qui étaient fabriqués dans plusieurs villages du Forez. On s'avisa un jour d'exiger que toute la coutellerie fût trempée, parce que sans cela elle n'était point bonne. Les Orientaux ne furent point de l'avis de nos grands maîtres des manufactures, ils considérèrent comme déplaisant de payer plus cher un produit qui leur convenait moins : ils s'adressèrent aux Anglais, qui s'empressèrent de leur fournir des couteaux non trempés, et les villages jusque-là prospères du Forez furent ruinés.

4. Sous le régime que je viens de décrire, il va de soi que les coalitions étaient interdites. Les salaires étaient fixés par les règlements ou par la volonté toute-puissante du maître. Lorsque les ouvriers se concertaient, ce qui arrivait même alors, ils étaient poursuivis en vertu de l'antique loi 1, au Code *De monopoliis*. Quand cela ne suffisait pas, on rendait contre eux des édits spéciaux. Il nous en reste plusieurs. Une ordonnance de François Ier, de 1541, sur l'imprimerie défend « aux compagnons apprentifs d'iceluy état d'imprimerie de s'assembler hors les maisons et portes de leurs maistres, n'ailleurs en plus grand nombre que *cinq*, sans congé et authorité de justice, sur peine d'être emprisonnés, bannis et punis comme monopoleurs et autres amendes arbitraires » (art. 1) . — « Lesdits compa-

gnons continueront l'œuvre commencé et ne le lairront
qu'il ne soit paracheve et ne feront aucun *tric*, qui est
le mot par lequel ils laissent l'œuvre S'il prend vouloir
à un compagnon de s'en aller après l'ouvrage terminé,
il sera tenu d'en advertir le maistre huit jours devant,
afin que durant ledit temps, ledit maistre et les compagnons besognant avec lui se puissent pourvoir » (art. 6).
— Les lettres patentes du 2 janv. 1749, renouvelées
en 1781, déclarent qu'il est fait défense « à tous compagnons et ouvriers de s'asssembler en corps, sous
pretexte de confrérie ou autrement, de cabaler entre
eux pour se placer les uns les autres chez des maîtres,
ou pour en sortir, ni d'empêcher, de quelque manière
que ce soit, lesdits maîtres de choisir eux-mêmes leurs
ouvriers, soit français ou étrangers, sous peine de pareille peine de 100 livres contre lesdits compagnons ou
ouvriers. »

5. Nos anciens rois avaient senti souvent ce qu'il y
avait de vicieux, de contraire à l'humanité et à la justice, dans une pareille organisation. Ces règlements,
avait dit Charles IX, dans une ordonnance de 1558,
« sont faits plus en faveur et profit des personnes de
chacun mestier que pour le bien commun. » Philippe le
Bel avait essayé d'arrêter cet égoïsme corporatif; enfin
Louis XVI, s'abandonnant aux magnanimes inspirations
de Turgot, abolit solennellement, par l'édit de févr.
1776, « les dispositions bizarres, tyranniques, contraires à l'humanité et aux bonnes mœurs dont sont
remplis ces espèces de codes obscurs, rédigés par l'avi-
dité, adoptés sans examen dans des temps d'ignorance

et auxquels il n'a manqué, pour être l'objet de l'indignation publique, que d'être connus. » Cet édit décida qu'à l'avenir le droit de travailler ne serait plus considéré comme un droit royal que le prince pouvait vendre et que les sujets devaient acheter, et en conséquence il supprima les maîtrises et les jurandes. — Cette réforme était l'une de celles que Turgot essaya pour arrêter la ruine de l'ancienne monarchie. Transporté à la fois et effrayé par son courage, Voltaire s'était écrié : « Il fera tant de bien, qu'il finira par avoir tout le monde contre lui. » Turgot eut en effet tout le monde contre lui ; il fut obligé de quitter le pouvoir. Des arrêts du conseil révoquèrent ses admirables édits ; la foule égarée ou indifférente applaudit. Presque seul, le philosophe qui avait prédit le coup ne put retenir en l'apprenant un cri de douleur que l'histoire, plus juste que les contemporains, a répété : « Je ne vois plus que la mort depuis que M. Turgot est hors de place. Ce coup de foudre m'est tombé sur la cervelle et sur le cœur. »

6. Il fallut en effet une révolution pour que la pensée de Turgot fût reprise et réalisée. La loi du 2 mars 1791 abolit (art. 2) « les brevets et lettres de maîtrise, les droits perçus pour la réception des maîtrises et jurandes... et tous priviléges de profession, sous quelque dénomination que ce soit. La loi des 28 sept.-6 oct. 1791 (tit, 1, sect. 5, art. 1) « déclara tout propriétaire libre de faire sa récolte, de quelque nature qu'elle soit, avec un instrument et au moment qui lui conviendra, pourvu qu'il ne cause aucun dommage aux propriétaires voisins. » — Depuis

ces deux décrets, le travail est devenu vraiment libre en France. Chacun peut l'offrir, en débattre, en fixer les conditions à son gré, l'accorder ou le refuser, le consacrer sans l'agrément de personne à un art ou à une profession quelconque, passer d'un métier à un autre ou en exercer plusieurs à la fois sans aucune condition d'apprentissage. Le droit de chacun n'a d'autre limite que le droit d'autrui. De là naît le principe de la libre concurrence.

Des deux principes combinés de la liberté du travail et de la concurrence découle comme une conclusion nécessaire le droit pour les patrons et pour les ouvriers de se coaliser entre eux. Qu'est-ce en effet qu'une coalition? L'accord intervenu entre plusieurs patrons ou ouvriers d'exercer simultanément le pouvoir, qui appartient à chacun d'eux en particulier, de débattre le salaire, de refuser ou d'offrir le travail. Si un ouvrier peut, sans s'exposer à aucune répression, débattre les conditions de son travail, l'accorder ou le refuser, pourquoi plusieurs ouvriers réunis ne pourraient-ils pas faire de même? Comment concevoir que le même acte, innocent quand il est accompli par un seul, devienne coupable dès qu'il l'a été par plusieurs? Stationner seul dans la rue est licite: aussi stationner plusieurs n'est pas coupable. Sans doute, ainsi que l'a remarqué l'auteur d'une belle étude sur les coalitions, M. Deroisin, si l'ordre public l'exige, le gouvernement peut interdire le stationnement collectif qu'on appelle rassemblement; il peut de même, et par la même raison, interdire dans des situations déterminées le stationnement individuel. Dans les deux cas, la peine est attachée au trouble apporté à l'ordre public, au mépris manifesté de la loi, non au fait de stationner, soit seul, soit à plusieurs.

Quelquefois un fait coupable est aggravé quand il est le résultat d'une entente : ainsi l'art 110 c. pen. punit plus sévèrement celui qui aura empêché un ou plusieurs citoyens d'exercer leurs droits civiques, lorsque ce crime aura été commis en vertu d'un plan concerté. Un fait innocent, à moins d'un péril social tout à fait exceptionnel, ne peut pas être coupable à raison de cette circonstance unique que plusieurs se sont entendus pour l'accomplir. Lorsqu'une action commise par plusieurs après un concert préalable est répréhensible, on en doit conclure selon la règle légale, conforme en cela à la règle philosophique, qu'elle n'est pas innocente, sauf une simple différence de degré dans la culpabilité, lorsqu'elle a été commise par un seul. Voulez-vous apprécier la légitimité d'une action : « Voyez, a écrit Kant, si, en généralisant l'action que vous allez faire, vous pouvez la considérer comme une loi de l'ordre général dont vous faites partie. » — Cette thèse n'est pas contredite par l'art. 126 c. pén. qui punit comme coupables de forfaiture les fonctionnaires publics qui auront, par délibération, arrêté de donner des démissions dont l'objet ou l'effet serait d'empêcher ou de suspendre soit l'administration de la justice, soit l'accomplissement d'un service quelconque. Le même fait accompli par un seul fonctionnaire public serait coupable. Seulement dans ce cas, le péril social étant nul, la loi considère la privation de la fonction comme une peine suffisante contre celui

qui en a mésusé. A cette première peine spéciale elle
en ajoute une autre, quand il y a multiplicité d'agents
et concert préalable, non pas parce qu'alors d'innocent
l'acte devient coupable, mais parce que de coupable et
non dangereux il devient très-coupable et dangereux.

7. Pour déconsidérer les coalitions on affecte en général de les confondre avec les grèves, comme pour les
défendre on s'obstine à les assimiler aux associations.
Aucune de ces affirmations n'est exacte. La grève est sans
doute un effet possible de la coalition, mais elle n'est pas
la coalition. Se coaliser, c'est proprement, au sens exact,
s'entendre, se concerter, prendre une décision en commun, sur les conditions du travail. La grève peut suivre,
ou ne pas suivre ; elle est la sanction de la coalition,
elle ne constitue pas la coalition elle-même. La coalition
peut être conduite à employer ce moyen extrême; elle
peut aussi se dénouer sans y recourir ; et, grâce à une
transaction ou à l'abandon de prétentions irréfléchies,
ne pas sortir de la période toute pacifique de l'accord
et des négociations. Il n'est pas plus exact de dire : La
coalition c'est la grève, qu'il ne le serait, parce que le
gendarme peut être appelé à prêter main-forte à la loi
violée, de définir la loi : l'intervention du gendarme.

La coalition n'est pas non plus l'association. On
s'associe pour poursuivre, à l'aide d'une action commune continuée pendant un certain temps, la réalisa-
tion d'une affaire ou d'une idée; on se coalise pour
obtenir par une action commune d'une durée restreinte
un changement dans les conditions du travail. L'association suppose nécessairement une organisation, la

coalition n'exige qu'une entente momentanée; l'association crée un intérêt collectif, distinct de l'intérêt des associés, la coalition donne simplement plus de force à l'intérêt individuel de chaque coalisé; l'association entre tous et un seul suscite l'être moral, la coalition n'opère qu'un rapprochement fortuit entre des individus qui ne se fondent pas ensemble. Dans l'association, la majorité arrête des résolutions qui lient ceux qui n'y ont pas pris part ou qui les ont combattues. Dans les coalitions, l'adhésion de chaque individu est indispensable; ceux-là seulement sont liés qui ont expressément consenti, et ils sont toujours les maîtres de retirer leur consentement. Sans doute l'association peut s'unir à la coalition, en devenir le résultat, le moyen ou l'origine, elle n'en est pas l'élément essentiel. La coalition trouve en elle plus de force, elle peut naître et agir sans elle.

8. Si la coalition n'est vraiment que l'accord intervenu entre plusieurs personnes pour exercer en commun le droit qui appartient incontestablement à chacune d'entre elles, il semblait aller de soi que le droit de se coaliser fût déclaré légitime, naturel, primordial, par ceux qui affirmaient le droit de disposer librement du travail; et de même que l'ancien régime, partant de la conception de communautés fermées, était arrivé à la défense des coalitions, il paraissait logique que l'assemblée constituante, ayant pris pour principe la liberté du travail, arrivât à la reconnaissance du droit de se coaliser. — Il n'en a point été ainsi. Presque au même moment qu'elle affirmait la liberté du

travail, soit industriel, soit agricole, l'assemblée constituante édictait les prohibitions les plus sévères contre les coalitions des ouvriers des villes dans la loi des 14-17 juin 1791, contre celles des ouvriers des campagnes dans la loi des 28 sept.-6 oct. 1791 (art. 19 et 20, tit. 2). Loin de considérer le droit de se coaliser comme la conséquence de la liberté du travail proclamée, l'assemblée constituante l'envisagea comme la négation même de cette liberté. Elle crut ne rien faire de contradictoire en introduisant en même temps dans la législation ces deux idées, en considérant l'une comme le corollaire, la garantie, la condition de l'autre. Et qu'on ne s'y méprenne pas, ce n'est pas la grève seulement qu'elle proscrit, c'est l'accord, la coalition saisie dans ses éléments primitifs, c'est l'entente entre ouvriers, avant même qu'elle ait produit aucun effet, et qu'elle ait amené le chômage. Voici, en effet, quels sont les termes formels de la loi des 14-17 juin :

« Art. 4. Si, contre les principes de la liberté et de la constitution, des citoyens attachés aux mêmes professions, arts et métiers prenaient des délibérations ou faisaient entre eux des conventions tendant à refuser de concert, ou à n'accorder qu'à un prix déterminé le secours de leur industrie ou de leurs travaux, lesdites délibérations ou conventions, accompagnées ou non de serment, sont déclarées inconstitutionnelles, attentatoires à la liberté et à la déclaration des droits de l'homme et de nul effet. Les corps administratifs et municipaux sont tenus de les déclarer telles. Les auteurs, chefs et instigateurs qui les auront provoquées, rédigées ou présidées, seront cités devant le tribunal de police, à la requête du procureur de la commune, condamnés chacun en 500 fr. d'amende et suspendus pendant un an de l'exercice de tous droits de citoyens actifs et de l'entrée des assemblées primaires. »

La loi de niv. an 2, exceptionnelle d'ailleurs, ne modifie en rien ces dispositions : elle les aggrave plutôt. La loi du 22 germ. an 11, sur les manufactures, fabriques et ateliers, pour la première fois, subordonne la culpabilité à l'exécution ou à la tentative d'exécution. Le code pénal de 1810 et la loi de 1849 ont maintenu ces prescriptions. Tout le progrès de 1791 à 1865, en ce qui concerne la détermination du délit, a donc consisté en ceci : la loi de 1791 punissait la coalition à tous ses degrés, à son début même, quand elle existait à l'état de simple accord, avant même que la cessation du travail ait été produite ou tentée ; la loi de 1849, conforme en cela au code pénal et à la loi de l'an 11, permet la délibération, l'entente ; elle ne frappe que s'il y a cessation de travail, tentative d'amener cette cessation. Joignez à ce changement des modifications de termes et de pénalités, ayant pour but d'établir l'égalité, au moins apparente, entre les patrons et les ouvriers, vous aurez le résumé exact du mouvement de la législation. Du reste, pas plus aujourd'hui qu'en 1791, le juge n'a le droit de rechercher les causes de la coalition, sa justice ou son iniquité. Ainsi que l'a décidé, avec bon sens et vérité (1), la cour suprême, la loi punit la coalition

----

(1) Les mots *injustement* et *abusivement* n'auraient pas dû être écrits dans l'art. 414. Comment admettre,

indépendamment de ses motifs, par cela seul que les ouvriers qui se sont concertés agissent collectivement, avec le but, en suspendant ou en tentant de suspendre le travail des ateliers, de forcer les patrons d'en modifier les conditions (arrêt du 24 fév. 1859, D. P. 59. 1. 188).

9. Les modifications à la loi de 1791, dont l'effet a été de mettre sur la même ligne les patrons et les ou-

---

en effet, qu'une coalition formée entre des chefs d'atelier, et ayant pour but de forcer l'abaissement des salaires, puisse ne pas être injuste et abusive? Le mot seul de *coalition* implique l'idée d'un pacte répréhensible : Forcer l'abaissement des salaires, c'est produire, par un pacte aussi illicite que contraire à l'humanité, un abaissement de salaire qui ne serait pas ré u té des circonstances industrielles et de la libre concurrence. D'où il suit que l'emploi des mots *injustement* et *abusivement* choque le bon sens. Ces expressions doivent disparaître, soit qu'on les considère comme une simple redondance, soit qu'on les considère comme pouvant avoir pour effet de détruire la criminalité d'une coalition formée entre des chefs d'atelier pour forcer l'abaissement des salaires, résultat qui blesserait la raison et l'équité. — Si les mots *injustement* et *abusivement* ont été mal à propos insérés dans l'art. 414, il est évident qu'il n'y a pas lieu de les introduire dans l'art. 415. Ils ne se trouveront donc nulle part, et sous le rapport de la définition, l'égalité sera parfaitement établie » (Vatimesnil, *Rapport*).

vriers, ou de mieux équilibrer les peines, constituaient
des perfectionnements et non des affaiblissements. Il
n'en a point été ainsi du pouvoir concédé à la coalition
de s'avancer jusqu'à la tentative. Cette modification,
dont la portée n'a pas été signalée, impliquait la négation virtuelle de la loi de 1791. En effet, n'est-il
pas déraisonnable d'autoriser des ouvriers à se concerter, à nommer des délégués, à entrer en pourparlers avec leurs patrons, à arrêter un ultimatum,
à le débattre pendant plusieurs mois (1), puis de
les poursuivre, quand leurs pourparlers ayant échoué,
leur ultimatum ayant été repoussé, ils donnent

---

(1) M. Morin vous a dit : « Les ouvriers ne pourront donc pas se réunir, venir chez leurs patrons et
débattre honorablement avec eux leurs salaires. —
Pardonnez-moi, ils le pourront parfaitement. Ils le
pourront, soit en venant tous, soit en nommant des
commissaires pour traiter avec leurs patrons. Le délit
ne commence que quand il y a eu tentative ou commencement d'exécution de coalition, c'est-à-dire lorsque, après avoir débattu les conditions, on dit : Mais
après tout, comme vous ne nous donnez pas tout ce
que nous demandons, malgré l'esprit de conciliation
que les patrons, dans leur propre intérêt, apportent
toujours dans ces sortes d'affaires; comme vous ne
nous donnez pas tout ce que nous demandons, nous
allons nous retirer, et nous allons, par notre influence,
par des influences qui sont bien connues, nous allons
déterminer tous les autres ouvriers des autres ateliers

par leur retraite des ateliers un caractère sérieux à leur concert, une sanction à leurs demandes? N'est-ce pas, après avoir approché la coupe des lèvres, la retirer brusquement? Interdisez le concert à un degré quelconque, même au début, comme la loi de 1791, ou autorisez-le à tous les degrés, même quand il aboutit à la grève. Entre l'abrogation de la législation actuelle et le retour aux règles de 1791, il n'existe pas de système intermédiaire. La loi contre les coalitions a reçu l'atteinte mortelle depuis que, n'osant pas maintenir la rigueur de la législation de 1791, on a toléré une entente quelconque. En vous demandant l'abrogation de la loi contre les coalitions, le gouvernement obéit à une nécessité logique. Sa proposition est-elle aussi raisonnable qu'elle est logique? Pour le savoir, recherchons les motifs qui ont amené l'introduction. puis le maintien, sous ses diverses formes, de la loi de 1791. Si ces motifs sont sérieux et encore actuels, la loi doit être rejetée; elle doit être adoptée s'ils sont faux ou surannés.

10. L'assemblée constituante a interdit les coalitions par deux raisons : l'une transitoire, tirée des nécessités du moment; l'autre permanente, conséquence de ses théories générales. La crainte de la reconstitution des corporations qu'elle venait de détruire a été le

---

à se mettre en chômage. C'est là la tentative, c'est là le commencement d'exécution, c'est le chômage qui est le commencement d'exécution de la coalition » (Vatimesnil, séance du 11 oct. 1849).

4

motif transitoire ; la défiance que lui inspirait l'action collective en dehors de l'Etat a été le motif permanent.

Nous n'avons plus à redouter aujourd'hui la reconstitution des anciennes communautés d'arts et métiers. Quelques utopistes caressent encore ce rêve ; c'est pour cela que j'ai cru opportun d'indiquer, au début de ce rapport, les conséquences désastreuses du système de la corporation ; mais nos lois, nos mœurs, nos habitudes d'égalité, les pratiques bientôt séculaires de la liberté industrielle, opposent des obstacles invincibles à cette restauration du passé. Si quelques ouvriers la réclament vaguement, la plupart acceptent, comme les typographes, *le principe fécond de la concurrence ;* ils appellent des facilités plus grandes pour l'association, ils ne songent pas à ressusciter les corporations fermées (1). Nous ne saurions donc plus être arrêtés par cette considération, qui, pour l'assemblée constituante, avait une importance décisive.

Devons-nous du moins persister dans les préventions contre l'action collective ? Turgot et Adam Smith l'ont condamnée en des termes presque identiques. « La source du mal, dit Turgot, dans le préambule de l'édit de 1776, est dans la faculté même accordée aux artisans d'un même métier de s'assembler et de se réunir en communauté. » « Il est rare, a écrit Adam Smith, que des gens du même métier se trouvent réunis, fût-ce pour quelque partie de plaisir ou pour se distraire,

____

(1) Deuxième procès des typographes, p. 52.

sans que la conversation finisse par quelque conspiration contre le public ou par quelque machination pour faire hausser les prix. Il est impossible, à la vérité, d'empêcher ces réunions par une loi qui puisse s'exécuter ou qui soit compatible avec la liberté et la justice; mais si la loi ne peut pas empêcher des gens du même métier de s'assembler quelquefois, au moins ne devrait-elle rien faire pour faciliter ces assemblées, et bien moins encore pour les rendre nécessaires » (liv. 1, ch. 10). — Voici en quels termes Chapelier, parlant au nom du comité de constitution, a traduit l'opinion des deux économistes : « Il doit être sans doute permis à tous les citoyens de s'assembler; mais il ne doit pas être permis aux citoyens de certaines professions de s'assembler pour leurs prétendus intérêts communs. Il n'y a plus de corporations dans l'Etat; *il n'y a plus que l'intérêt particulier de chaque individu et l'intérêt général.* Il n'est permis à personne d'inspirer aux citoyens un intérêt intermédiaire, de les séparer de la chose publique par un esprit de corporation. — Les assemblées dont il s'agit ont présenté, pour obtenir l'autorisation de la municipalité, des motifs spécieux ; elles se sont dites destinées à procurer des secours aux ouvriers de la même profession, malades ou sans travail ; ces caisses de secours ont paru utiles, mais qu'on ne se méprenne pas sur cette assertion ; *c'est à la nation, c'est aux officiers publics, en son nom, à fournir des travaux à ceux qui en ont besoin pour leur existence, et des secours aux infirmes* » (séance du 14 juin 1791).

Nous saisissons à son origine, dans cette théorie exposée par Chapelier, l'erreur fondamentale de la révolution française. De là sont nées les mauvaises lois sur l'association, les décrets rigoureux contre les compagnies financières, les caisses d'escompte, les compagnies d'assurances, de commerce ou de manufactures (décrets des 14 août 1790, 24 août 1793, 17 vend. an 2, 15 frim. an 3, etc.) De là sont sortis les excès de la centralisation, l'extension démesurée des droits sociaux, les exagérations des réformateurs socialistes ; de là procède Babeuf, la conception de l'Etat-Providence, le despotisme révolutionnaire sous toutes ses formes. Là trouve son origine le préjugé contre l'initiative individuelle ; là se découvre, comme le fruit dans la fleur, la doctrine de l'omnipotence souveraine des gouvernements qui nous a envahis presque tous, et dont l'action continue, quoique souvent insaisissable, a produit la confusion dans les idées, le trouble dans les conduites, et la perversion des saines idées de pouvoir et de liberté. N'y aurait-il contre les lois prohibitives des coalitions que d'être une conséquence de cette théorie, que leur abrogation devrait être accueillie comme un bienfait! — Il n'est pas vrai qu'il n'y ait que des individus, grains de poussière sans cohésion, et la puissance collective de la nation. Entre les deux, comme transition de l'un à l'autre, comme moyen d'éviter la compression de l'individu par l'Etat, existe le groupe, formé par les libres rapprochements et les accords volontaires. C'est à lui qu'il est réservé d'accomplir les œuvres de travail, d'assistance, d'expansion, de progrès, qui excèdent la puissance individuelle et qui deviendraient impossibles ou oppressives si elles ne pouvaient être que par la force des pouvoirs publics. C'est lui qui a créé les merveilles du monde moderne, les compagnies de chemins de fer, les diverses associations industrielles ou commerciales, les écoles gratuites, les sociétés de secours mutuels ; c'est lui qui déploiera dans l'avenir des puissances inconnues de prospérité, de richesse, de travail, d'ordre et d'apaisement !

Le point de départ de Chapelier admis, son raisonnement est irréprochable. Si en dehors de l'individu il n'existe que l'État, l'entente doit être interdite, le concert constitue un danger et la coalition un délit. Mais à quelles conséquences n'est-on pas aussitôt conduit ? On refuse aux ouvriers le moyen de défendre leur salaire ou d'en obtenir l'augmentation légitime. Tout droit cependant doit être protégé, et, plus que tout autre, le droit sacré de retirer de ses sueurs une rémunération équitable. L'ouvrier ne pouvant se protéger lui-même, comment l'État refuserait-il, sans commettre un déni de justice, de défendre ceux qu'il a désarmés ? Les travailleurs ne s'y sont pas mépris : ils ont toujours considéré la prohibition de se coaliser comme impliquant le devoir pour les gouvernements d'intervenir dans la fixation des salaires. Vous ne voulez pas que nous nous concertions, ont-ils dit, soit ; mais alors ramenez à la raison nos patrons ; tout au moins soyez arbitres entre eux et nous. Plus d'une fois le gouvernement a accueilli cette prière. Lors de la grève des typographes, supplié de nouveau d'intervenir, il a compris le péril de ses condescendances, la responsabilité qu'elles le forçaient d'assumer, la perturbation qu'elles amèneraient tôt ou tard, et qu'après avoir dit : aidez-nous, un jour les ouvriers diraient : faites-nous vivre ; et M. le ministre Rouher a répondu qu'il ne pouvait intervenir dans le règlement des conditions du travail (lettre du 2 mai 1862 aux ouvriers typographes).

Cette réponse est conforme aux principes. Il fut un temps en Angleterre où les juges de paix avaient mission de fixer les gages des journaliers. Ces errements sont abandonnés partout. L'Etat n'est certainement pas sans influence sur le taux des salaires : l'impôt étant la forme sous laquelle il participe à la distribution des produits, plus sa part est restreinte, plus s'accroît celle des autres copartageants, le capitaliste, l'entrepreneur et l'ouvrier ; par conséquent, suivant que l'Etat aggrave ou allége l'impôt, il augmente ou il diminue le salaire. D'une manière plus générale, l'administration, suivant qu'elle est bonne ou mauvaise, agit sur la rétribution du travail, en ce qu'elle facilite ou qu'elle arrête le développement du capital consacré à la demande des bras. L'action de l'Etat est plus efficace encore, lorsqu'il est entrepreneur et payeur de salaires ; alors il contribue à fixer, en hausse ou en baisse, le taux courant du marché. Toutefois dans ces cas, dans le dernier aussi bien que dans les autres, l'action de l'Etat n'est qu'indirecte, et la réponse de M. Rouher reste vraie, parce qu'elle avait en vue une action directe. — Seulement, du jour où l'Etat déclarait ouvertement son incompétence, il ne lui était plus permis, sans contradiction, de tenir les mains des ouvriers liées, et la grâce accordée par l'empereur à la plupart des ouvriers atteints par la loi des coalitions, ainsi que la loi actuelle, ont été

la conséquence prévue de la lettre de M. le ministre
des travaux publics.

11. La première des raisons de l'assemblée constituante
est sans actualité ; la seconde, loin de nous encourager
à interdire les coalitions, nous déciderait plutôt à les
permettre. Aussi, lors de la discussion de 1849, l'é-
minent rapporteur, M. de Vatimesnil, eut-il recours à
d'autres considérations. Il invoqua deux arguments,
tirés, l'un de la nature économique de la coalition,
l'autre, des effets de tout genre qu'elle produit. — La
coalition, soutint-il en premier lieu, est par sa nature
la contradiction des lois économiques les plus con-
stantes. Le prix du travail se détermine par la proportion entre l'offre et la demande. Quand le travail
est beaucoup demandé, il se paye cher ; il se paye bon
marché quand il est beaucoup offert. En d'autres termes, « le salaire baisse quand deux ouvriers courent
après un maître ; il hausse quand deux maîtres courent
après un ouvrier. » Cette loi n'a son libre jeu que si
aucun obstacle artificiel n'empêche le concours entre
ceux qui offrent les bras et ceux qui les demandent.
C'est précisément le résultat que les coalitions produisent. Organisées par les patrons ou par les ouvriers, elles constituent l'atteinte à la libre concurrence.
Celles qui sont formées entre ouvriers sont particulièrement destructives de la liberté des patrons, et plus
encore de celle des ouvriers. Dès qu'elles éclatent,
personne n'a plus la faculté de se rendre dans les ateliers. La coalition constitue par sa nature une menace
implicite qui contraint tous les ouvriers, même les

plus paisibles ; un faux point d'honneur les pousse aussi. — Depuis Adam Smith, les partisans des coalitions écartent cet argument en disant : Serait-il vrai que la coalition fût une atteinte à la libre concurrence, il ne serait pas juste que, possible aux maîtres, elle restât défendue aux ouvriers. Or les maîtres étant en moindre nombre, peuvent se concerter aisément ; « ils sont en tout temps et partout dans une sorte de ligue tacite mais constante et uniforme, pour ne pas élever les salaires au-dessus du taux actuel. » Ne serait-ce qu'à titre défensif, comme moyen d'opposer une force à une force, il serait juste de supprimer une prohibition qui, dirigée contre les patrons aussi bien que contre les ouvriers, n'est en réalité efficace que contre ces derniers.

Sans nier qu'il y ait beaucoup de vérité dans cette observation, je ne crois pas qu'elle soit absolument exacte. Souvent les ouvriers dans leurs ateliers, dans les lieux où ils prennent leur repas en commun, ont autant de facilité pour se concerter que les patrons dans leurs cercles ou dans leurs salons. En outre, si, dans certaines industries, un concert permanent existe entre les patrons, dans combien d'autres au contraire, mis aux prises par les nécessités de la concurrence, se disputant les procédés de fabrication, les débouchés, les capitaux, l'esprit sans cesse tendu aux moyens de ne pas succomber, dans combien d'industries ne les voit-on pas isolés, ne pouvant ni s'entendre, ni se détruire, en présence d'une masse travailleuse que tout rapproche, que rien ne divise et qui est toujours disposée à une action commune ? L'histoire des coalitions démontre à tout observateur impartial que, lorsqu'une grève générale éclate, presque toujours un certain nombre de patrons l'évitent en cédant aux prétentions des ouvriers; quand la grève est partielle, et dirigée contre une usine en particulier, non contre l'ensemble d'une industrie, les autres patrons, loin d'accourir empressés, secourables, s'applaudissent tout bas d'être pour un temps débarrassés d'un rival; ils développent avec ardeur leurs affaires, s'offrent à la clientèle libre, et ne voient dans le désastre du confrère que le succès devenu plus facile de leur intérêt personnel. Il a toujours fallu que la coalition des ouvriers, par ses prétentions exorbitantes, par son développement, par ses violences, prît un caractère menaçant vis-à-vis de la société industrielle tout entière, pour que ces patrons, qu'on représente comme naturellement coalisés, aient songé à opposer leur entente à celle des ouvriers. Je crois même qu'avant la célèbre grève des mécaniciens, en 1851, les maîtres n'avaient jamais, en Angleterre, formé entre eux une coalition sérieuse, alors que les exemples des unions ouvrières ne se comptaient déjà plus.

L'infériorité de situation de l'ouvrier à l'égard du patron s'explique sans supposer des coalitions parfois chimériques. Indépendamment de l'avantage que lui donne son instruction plus développée, l'habitude de manier les grandes affaires et d'en courir les risques, le patron, alors même qu'il n'est pas coalisé avec ses confrères, constitue, à lui seul, une organisation puissante qui se suffit à elle-même. Cela est certain quand il n'opère qu'avec son propre capital. Combien n'est-ce

pas plus vrai lorsqu'il est l'agent d'une association,
d'une entreprise privilégiée. Que pèse alors un ouvrier?
quelle force peut avoir sa réclamation isolée? Il n'est
dans une position à peu près égale au maître que si
uni à ses camarades, il présente une surface résistante.
Le patron non-seulement est plus fort, il n'est pas pressé
par la nécessité. Si ce n'est dans des cas rares, il peut
attendre; il perdra, du moins il ne sera pas réduit aux
dernières extrémités. L'ouvrier, au contraire, perd
sans retour son travail, dès qu'il ne le vend pas. Et
aussitôt arrivent la gêne, la dette, la misère. Au bout
de quelques jours, il est obligé de venir à composition.
Adam Smith est ici aussi énergique que vrai : « Il se
peut à la longue que le maître ait autant besoin de
l'ouvrier que celui-ci ait besoin du maître : mais le
besoin du premier n'est pas aussi pressant. » J. B. Say
complète très-bien Adam Smith : « Nous avons vu
comment est en général limité le nombre des entrepreneurs qui, dans chaque branche d'industrie, s'offrent à
pourvoir aux besoins de la société; et nous venons de
voir que le nombre des ouvriers, au contraire, ne
cesse de s'étendre que lorsque leur salaire ne leur permet plus de subsister eux et leur famille selon les
mœurs du pays. Il en résulte que les entrepreneurs
exercent toujours un monopole à l'égard des ouvriers.
Ceux-ci ne trouvent pas autant de maîtres qu'ils veulent; mais les maîtres ont toujours le nombre d'ouvriers
dont ils ont besoin, s'ils peuvent leur fournir les nécessités de la vie. »

12. La proposition de M. de Vatimesnil doit donc être

renversée. Loin d'être un obstacle à la concurrence et une atteinte à la liberté des maîtres, le droit de se coaliser est pour l'ouvrier la condition même du libre débat. — Est-ce à dire que lorsque, de faible qu'il était, l'ouvrier sera devenu fort par l'union, il ne sera pas tenté d'abuser de sa force, de demander plus qu'il ne lui est dû, d'entreprendre à son tour sur la liberté du maître? Pour le nier, il faudrait n'avoir jamais lu l'histoire d'une grève. Qu'est-ce par exemple que cette insoutenable prétention des ouvriers mécaniciens anglais dans leur grève de 1851, et des typographes parisiens dans leur grève récente, de s'opposer à l'admission des apprentis, si ce n'est une tentative d'empiétement sur le droit légitime du patron? Et comment qualifier les procédés des ouvriers de Preston qui s'étaient constitués en tribunal pour juger les motifs pour lesquels le fabricant congédiait ses employés, et qui, lorsque le motif leur paraissait illégitime, menaçaient d'une cessation de travail, si le camarade, injustement renvoyé selon eux, n'était pas réintégré dans l'atelier? Un trait des ouvriers mécaniciens de Liverpool, en 1859, est cependant plus étrange encore. Un constructeur de vaisseaux avait établi une machine destinée à forer le cuivre des chaudières et à les préparer ainsi à recevoir les clous. Ses ouvriers firent grève et l'obligèrent à payer quelques-uns d'entre eux comme s'ils faisaient en réalité le travail déjà opéré par la machine. — On ne peut nier davantage que trop souvent les ouvriers les plus ardents n'exercent dans les coalitions une véritable contrainte sur les plus timides. Certains ouvriers mineurs anglais ont donné à cet égard des exemples fameux : ils ont établi une journée de travail d'un certain prix, qui ne doit jamais être dépassée par personne ; les jeunes, les vieux, les célibataires, les hommes mariés, ceux qui ont des enfants aussi bien que ceux qui n'en ont pas, ne peuvent gagner qu'un même salaire, inflexiblement déterminé. Si quelqu'un manque au règlement, un tribunal s'assemble dans la mine et prononce une amende. En cas de récidive la peine devient terrible; souvent le coupable est maltraité, jusqu'à rester mort sur la place. On a souvent cité le cri de désespoir arraché par ces drames violents à un pauvre mineur : « Malheur aux ouvriers s'ils n'avaient pas de maîtres au-dessus d'eux : car il n'y a pas de pires maîtres pour eux que leurs pareils! » Et la parole d'O'Connell, recueillie dans une enquête parlementaire, est devenue historique : « Les coalitions ont établi un despotisme incroyable sur l'ensemble des ouvriers. Il n'en est pas de plus dur et de plus dégradant que celui exercé par une partie des ouvriers sur l'autre. Aucun gouvernement absolu ne fournit l'exemple d'une pareille sujétion. Si le czar Pierre ou le sultan Mahmoud avaient ainsi abusé de leur puissance, ils auraient été détrônés. » Le danger le plus réel des coalitions est dans cette pression exercée par les ouvriers les uns sur les autres. Au commencement, à la rigueur, ils ont le moyen de résister; quand la grève est dans son plein, ils ne le peuvent plus. Victimes résignées, il faut qu'ils marchent, qu'ils souffrent jusqu'à ce que leurs chefs, découragés eux-mêmes, leur disent : C'est assez !

Le tort de M. de Vatimesnil a été de convertir l'accident en règle générale et de soutenir que des ouvriers ne sont jamais libres par cette unique raison que la coalition est une gêne, un lien. A ce compte, tous les contrats devraient être déclarés illicites, car tous gênent, lient. La création volontaire d'un contrat est un des usages les plus incontestables de la liberté qui s'affirme même lorsqu'elle s'enchaîne, puisque c'est sa propre spontanéité qui crée le lien que l'honneur et la loi lui font ensuite un devoir de respecter. La liberté n'est détruite que lorsqu'on subit des contrats imposés par la violence ou la fraude. Il en est souvent ainsi dans la coalition. Mais la coalition n'implique pas nécessairement cette contrainte. Dès que le concert n'a plus pour but d'assurer le libre débat de la demande par les ouvriers, ou de l'offre par les patrons, il cesse d'être le fait économique innocent qui s'appelle la coalition; il devient le fait économique coupable qui s'appelle l'atteinte à la libre concurrence. Dès que les ouvriers sont conduits à se coaliser par la force et par la fraude, il y a oppression et non plus concert. Le remède se trouve aussitôt à côté du mal. Les ouvriers ont la coalition pour se protéger contre la force du maître; les maîtres l'auront aussi pour résister à l'injustice des ouvriers. Quant aux violences et à la fraude, elles motivent l'intervention de la justice; des peines sévères doivent frapper ceux qui, sous prétexte d'assurer leur liberté, portent atteinte à la liberté des autres.

La coalition, jugée en elle-même, ramenée à ce qui la constitue, dégagée des éléments étrangers qui la vicient, distinguée de l'atteinte à la libre concurrence et des concerts créés par la pression, ne menace par sa

nature aucune loi économique, ainsi que l'a pensé M.
Vatimesnil; elle doit être laissée libre.

13. J'examine maintenant si le second argument d
rapporteur de 1849 est mieux fondé que le premier
si les effets de la coalition sont d'une telle conséquen
pour l'ordre social, qu'ils ne puissent être tolérés sa
danger. — Quand un fait n'est que par la création de l
loi, qu'il n'implique en lui rien de nécessaire, il
simple qu'on le permette ou qu'on le défende, selo
qu'on augure bien ou mal des conséquences qu'il pr
duira. Dès qu'un fait est du droit naturel, qu'envisa
en lui-même il a été reconnu innocent, il est peu co
préhensible que, pour l'autoriser ou pour l'interdir
on s'attache à l'étude de ses conséquences. D'auta
plus qu'à ceux qui les trouvent mauvaises, on a presq
toujours le droit de répondre qu'elles ne sont pas n
cessaires, qu'elles peuvent être conjurées ou rattaché
à d'autres faits, ou que pour les condamner on n'a co
sidéré que l'effet premier et négligé l'effet définitif, im
tant en cela celui qui déclarerait la lumière mauvai
parce qu'elle offense les yeux de l'enfant nouveau-n
Toutefois, j'en conviens, une réponse aussi sommai
n'est pas suffisante, et il faut aller au fond même de
choses.

14. Je vais exposer la doctrine économique en vert
de laquelle M. de Vatimesnil a soutenu que les effe
des coalitions sont toujours dangereux. Ensuite je me
trai en regard la réponse de ceux qui pensent que ce
effets peuvent être quelquefois utiles.

Il fut un temps où les politiques pensaient que laisser le peuple dans une situation misérable était le moyen de le contenir « Si les peuples étaient à l'aise, disait Richelieu dans son testament, difficilement resteraient-ils dans les règles. Il faut les comparer aux mulets qui, étant accoutumés à la charge, se gâtent par un long repos plus que par le travail. » A grand'peine trouverait-on aujourd'hui une seule personne partageant cette opinion du grand ministre. L'amélioration du sort des classes laborieuses est devenue l'objet de la préoccupation générale. Il est d'axiome que la hausse des salaires n'intéresse pas seulement les ouvriers, que la prospérité publique en dépend. Lorsque les ouvriers sont bien rémunérés, ils consomment : par là ils impriment un mouvement ascensionnel à la production ; la circulation s'accélère, le crédit se développe, la richesse s'accroît, la moralité s'élève, l'ordre se consolide, l'humanité atteint un degré supérieur de puissance, de civilisation et de bien-être.—Il y a dans tous les cas un *minimum* au-dessous duquel il serait désirable que le salaire ne descendît jamais: c'est la somme indispensable pour que le travailleur puisse se procurer les subsistances nécessaires au soutien de la vie et à l'éducation de sa famille. Ce *minimum* constitue le prix *naturel* du travail. Dans la réalité, le contraire arrive trop souvent: les subsistances s'abaissent au taux des salaires. On vit cela en Angleterre pendant les guerres de l'empire, les produits de l'industrie agricole ayant haussé de 138 p. 100, tandis que les salaires n'augmentèrent que de 110 p. 100. C'est le prix *courant* du travail en opposition avec son prix *naturel*. Quand il en est ainsi, si les rapports de l'offre et de la demande sont respectés, les lois de l'humanité sont en souffrance. Alors, dans les pays qui professent avec le plus de ferveur le *laisser-faire*, les gouvernements essayent de suppléer à l'insuffisance des produits du travail par des procédés empiriques, tels que ceux de la loi des pauvres. Le mieux serait que l'industrie elle-même trouvât dans l'accroissement de ses forces, dans son organisation propre les ressources pour rémunérer dignement ses indispensables auxiliaires; car tout ce que l'ouvrier reçoit de la société exige une contribution qui réduit le capital disponible et à la longue les salaires. — La tendance de la civilisation à hausser les salaires n'est pas inconciliable avec cette autre obligation de l'industrie de produire au meilleur marché possible, ce qui est encore une manière de venir en aide aux classes laborieuses. Le bon marché, en effet, peut s'obtenir autrement que par la diminution du prix de la main-d'œuvre. Il peut résulter de la simplification des moyens de production, de l'accroissement des forces mécaniques, de la diminution de ce qu'on a appelé heureusement les frais décroissants (ceux qui sont d'autant plus faibles relativement que le débit est plus étendu), de l'ouverture de nouveaux débouchés, de la diminution des profits exagérés, etc., etc.

L'élévation des salaires ayant été posée ainsi d'un commun accord, comme le but à poursuivre, on est bien obligé de reconnaître, disent les économistes hostiles aux coalitions, alors même que le travail ne serait pas une simple marchandise, ce qui est en effet contestable, que des lois certaines, invariables, président à l'établissement du taux des salaires.

Le salaire peut être dit nominal ou réel. — Le salaire nominal exprime la quantité d'argent reçu par l'ouvrier en échange de son travail. — Le salaire réel désigne la quantité d'objets de consommation, variable suivant les temps et les lieux, que l'ouvrier se procure avec l'argent qu'il a touché. — Qu'il soit envisagé comme nominal ou comme réel, le salaire est assujetti à des règles certaines. — Le salaire nominal ne se proportionne d'une manière absolue ni à la richesse générale ni au revenu social, il s'élève ou s'abaisse suivant le rapport qui s'établit entre le fonds destiné au payement des salaires et les travailleurs en concours pour le partager. En d'autres termes il est comme le travail demandé et comme le nombre des travailleurs. — Lorsque la part du capital consacré à solder le travail s'accroît dans une proportion plus rapide que n'augmente le nombre de ceux qui s'offrent pour travailler, le salaire nominal s'élève. Telle est depuis longtemps la situation de la France. Dès 1842, M. Moreau de Jonnès écrivait (*Journal des économistes*, janv. 1842) : « Les populations de l'Europe réunies se sont accrues en moins de l'espace d'un demi-siècle (à partir de 1788) de 75 p. 100. Trois puissances, la Russie, la Prusse et la Grande-Bretagne, ont dépassé considérablement ce terme moyen général ; deux autres, l'Autriche et la Suisse, l'ont atteint sans aller au delà ; huit sont demeurées au-dessous plus ou moins : l'accroissement de la France ne s'est pas élevé à la moitié du terme moyen général de l'Europe ; il est inférieur à celui de tous les autres pays excepté trois, la Suisse, le Portugal et la Turquie. » — La même situation s'étant perpétuée depuis, tandis que

les capitaux s'augmentaient, la richesse publique sou
toutes ses formes, sauf des temps d'arrêts passagers
n'a cessé de s'accroître et, en général, les salaires de
s'elever. En Angleterre un résultat identique s'est produit dans les villes manufacturières, depuis l'inventio
de Whatt et d'Arkwright. Grâce à l'impulsion donnée
la fabrication du coton, le capital s'est accru comme 4
tandis que la population n'a augmenté que comme 2:
il en est résulté une hausse des salaires. — Lorsque
nombre des travailleurs s'accroît plus vite que le cap
tal, ou lorsque le capital reste le même, les travailleu
devenant plus nombreux, le salaire diminue. On cite,
l'appui de cette observation, la Chine, qui contie
300 habitants par mille anglais carré (l'Angleterre n't
nourrit que 65 sur une égale étendue de territoire). Af
de procurer aux hommes de quoi vivre, on a beau
pousser l'emploi des animaux et des machines, la u
tion contient de la richesse sans être riche ; « on vo
des familles qui n'ont pour toute habitation que que
que petite barque sur les canaux et sur les rivières
des affamés qui repêchent avec délices les restes dégoi
tants jetés à la mer par quelque vaisseau d'Europe.
M. Villermé assure qu'un spectacle de même natur
quoique beaucoup moins affligeant, s'est vu autrefo
dans le canton de Zurich, après les événements de 181
et 1815, l'accroissement considérable de l'industrie
du commerce ayant suscité un développement de popu
lation plus considérable encore.

Lorsque la multiplication des travailleurs et celle d
capital vont du même pas, le salaire demeure stationnai

Quant au salaire réel, il est élevé ou bas, suiva

qu'avec la même somme on se procure une quantité
plus ou moins grande d'objets de première nécessité. Il
est bas quand le prix des objets étant élevé, on ne peut
s'en procurer que très-peu avec une somme donnée. Il
est haut quand, le prix des objets étant bas, on peut
avec la même somme donnée s'en procurer beaucoup.
Le blé, je le suppose, est à 20 fr., il monte à 40 fr., le
prix nominal du salaire restant le même, à 2 fr. par
exemple. Le salaire réel a diminué de moitié. L'ouvrier
ne peut plus obtenir qu'avec 1 fr. la quantité de blé
qu'il avait moyennant 50 cent.; il devra, par suite, re-
trancher sur ses autres consommations ou ralentir son
épargne. Au contraire, de 20 fr. le blé tombe à 10 fr.,
le salaire continuant à être nominalement de 2 fr. : le
salaire réel a haussé de moitié, puisque avec 50 cent.
l'ouvrier peut acheter autant de blé qu'antérieurement
avec 1 fr.; il emploiera l'excédant en consommation
d'une autre nature qu'il était obligé de se refuser, ou il
accroîtra son épargne.

Aucune volonté humaine ne peut rien contre ces lois
aussi fatales que celles qui règlent le cours des astres
ou qui déterminent la chute des corps. Augmenter le capital industriel destiné aux salaires plus que n'augmente
la population, ou diminuer la population plus que ne
diminue le capital, on n'a pas découvert d'autre moyen
d'augmenter le taux nominal des salaires. Réduire au
meilleur marché possible les objets de première consommation, il n'y a pas d'autre procédé de relever le
taux réel des salaires.

Quelques écrivains ont bien à tort, à une certaine
époque, rendu la concurrence responsable du jeu de ces

principes, et enseigné qu'elle était la cause de la baisse des salaires et que sa suppression les ferait hausser. Supposez qu'il existe du capital disponible pour payer cent ouvriers à raison de 2 fr. ; tout à coup le nombre des ouvriers est réduit à cinquante. La libre concurrence, si son action s'exerce seule, sans qu'aucune circonstance économique n'en modifie l'effet, n'empêchera pas le prix du salaire de s'élever et d'arriver à 4 fr. Au contraire, le nombre des ouvriers monte de cent à deux cents : si la puissance de la concurrence n'est pas gênée dans ce cas plus que dans le précédent, de deux choses l'une: ou les salaires s'abaisseront jusqu'à ce que tous les ouvriers aient obtenu une part dans le fonds qui leur est destiné, et alors chacun d'eux ne recevra que 1 fr. ; ou bien un certain nombre continuera à gagner 4 fr. : ce sera parce que plusieurs demeureront sans emploi. Du jour où ils retrouveront leur part de travail, les salaires diminueront. La concurrence n'a donc que l'effet bienfaisant de répartir entre la totalité des travailleurs la totalité du capital destiné aux salaires. Elle ne tend d'une manière nécessaire ni à les abaisser ni à les élever. Elle les élève chaque fois que la concurrence de ceux qui demandent le travail est plus active que la concurrence de ceux qui l'offrent; elle les abaisse chaque fois que la concurrence de ceux qui demandent est moins active que la concurrence de ceux qui offrent. Le moyen d'empêcher les salaires de s'avilir n'est pas de détruire la concurrence, c'est d'agir sur l'offre et sur la demande.

La coalition n'a sur les salaires qu'une action analogue à celle de la concurrence. Pas plus que celle-ci

elle n'augmente le capital destiné aux salaires ou ne
restreint le nombre des participants ; elle n'a d'action
efficace que sur le mode dont le fonds général se répar-
tit entre la totalité des ouvriers ; elle en modifie la distribution équitable, attribue beaucoup aux uns, tandis
que d'autres n'ont point assez ; voilà tout. Les victimes
de ces succès sont les ouvriers faibles, non les patrons,
contre lesquels elle est en apparence dirigée. Ainsi, en
Angleterre, les ouvriers fileurs, profitant de ce que sans
eux rien ne marche, ont obtenu, au moyen de leurs coalitions, des salaires exceptionnels, tandis que la rétribution des tisserands diminuait des trois quarts. Ces
malheureux, du moins, voudraient se diriger vers d'autres métiers faciles à apprendre, et qui leur assure-
raient des salaires plus rémunérateurs. Les ouvriers de
ces métiers se coalisent pour les tenir parqués, comme
au dernier cercle de l'enfer, dans leur misérable profession. Ils interdisent aux patrons de les recevoir. — En
dehors de cette action mauvaise les coalitions ne produisent rien. Il est aisé de le démontrer. Que les patrons se concertent entre eux pour faire baisser les salaires au-dessous du taux déterminé sur le marché par
la combinaison de l'offre et de la demande, les capitaux
oisifs, nouvellement créés ou employés ailleurs, toujours en quête de placements productifs, afflueront vers
l'industrie, qui, par la baisse des salaires, aura augmenté ses profits ; l'effet de cette concurrence multi-
pliera la demande ; l'offre ne tardera pas à reprendre
l'avantage et à relever le salaire au taux momentané-
ment perdu. Si la concurrence entre les capitalistes n'a-
menait pas ce résultat, les ouvriers abandonneraient un

travail trop peu rémunéré et reflueraient vers les industries plus lucratives; s'ils s'obstinaient, la misère finirait par produire une diminution de la population. D'une manière ou de l'autre, l'offre ayant été ainsi réduite, la demande serait contrainte d'élever ses prix, les salaires retrouveraient le taux ancien, et la coalition des maîtres n'aurait eu pour résultat que d'amener des luttes stériles, des déplacements onéreux de capitaux ou de travailleurs, des malheurs inutiles.

En sens inverse, que les ouvriers se coalisent pour élever leurs salaires au-dessus du taux normal, ce qui arrivera n'est pas difficile non plus à déterminer. Un homme sensé ne reste dans une affaire que s'il prélève sur le produit brut l'intérêt, une prime d'assurance et la rémunération de son travail. Il pouvait consommer son capital, il le livre à l'industrie; l'intérêt est le prix de son abstinence. Par cela qu'il confie son capital à l'industrie, il s'expose à le perdre; pour ce risque, il prélève une prime d'assurance. Enfin, il donne son temps, il doit être rémunéré. Si une hausse forcée des salaires compromet ces trois prélèvements ou l'un des trois, l'entrepreneur aura recours à tous les moyens pour l'empêcher; il s'efforcera d'introduire des travailleurs amenés d'un pays où les salaires sont très-bas; il essayera par des machines de restreindre le rôle de la main-d'œuvre. S'il ne réussit pas, ou il sera ruiné, ou il retirera ses capitaux et son intelligence d'une industrie qui n'offre plus des avantages suffisants. Dans les deux cas, l'ouvrier expiera son succès d'un moment. Il a voulu avoir trop, il n'aura plus rien. Privé de salaire, il sera bien heureux de vivre en cassant des pierres sur la route. S'il se transplante ailleurs, son salaire sera faible ; ce qui est pis, il produira la baisse du salaire des camarades auxquels il fera concurrence. Les ouvriers anglais ont appris à leurs dépens la vérité de cette assertion. Dans l'histoire de la grève de Colne, M. Watts raconte ceci : « Nous avons fait cette question à l'un des meneurs : Pourquoi n'avez-vous pas dirigé les travailleurs sur une localité où les salaires étaient plus élevés ? — Il nous fut répondu : Nous en avons effectivement dirigé une partie sur Blackburn, mais cela nous a valu une remontrance que nous encombrions le marché et que nous y causions une baisse de salaires. » Il se peut enfin que, pendant la lutte, le consommateur ait provoqué l'importation de produits étrangers, et que des habitudes, des préférences se soient ainsi créées, qui, survivant à la fin de la grève, constitueront un élément nouveau de concurrence.

La majorité des économistes déclare à l'envi que les coalitions n'ont jamais réussi. Aux patrons, elles ont, tout au plus, procuré l'avantage d'un taux uniforme de salaire pour une même industrie, dans un même lieu. Aux ouvriers, elles n'ont été utiles que dans les corps d'état concentrés dans une même localité et composés d'un petit nombre ; elles fortifient ou établissent la situation privilégiée de quelques-uns ; elles n'élèvent pas la situation générale de la classe laborieuse tout entière.

Si les victoires des coalitions sont peu désirables, que dire de leurs désastres, et du plus terrible de tous, que dire du fléau qui s'appelle une grève ? Tous les inconvénients s'y rencontrent à la fois : l'ordre public est compromis, l'intérêt individuel est lésé, les patrons

souffrent, l'industrie périclite, les travailleurs manquent
de pain, les haines sociales s'attisent, le pauvre s'arme
contre le riche. A mesure que les souffrances augmen-
tent, les ouvriers s'exaspèrent; quand les cotisations
sont épuisées, les caisses de chômage vides, ils ne respectent plus rien; dans le délire des espérances trompées, ils s'emportent jusqu'au crime; et, semblables à
des furieux, ne reculent ni devant l'incendie, ni devant
l'aveuglement par le vitriol, ni devant l'assassinat,
comme on l'a vu en Irlande et en Ecosse.

On me rendra la justice que j'ai exposé sans l'affai-
blir le système qui refuse tout effet salutaire aux coalitions. Il me reste à vous présenter l'opinion opposée.
Pas plus dans cette partie de mon travail que dans la
précédente, je n'aurai la prétention de vous dire quoi
que ce soit qui n'ait été mieux exprimé par d'autres
avant moi. Je continuerai à mettre sous vos yeux les
passages décisifs des écrivains compétents, afin que
mon rapport atteigne son but, qui est moins de trancher
un débat de cette importance que d'en réunir avec fidé-
lité sous vos yeux les éléments multiples.

15. Les lois économiques qu'invoquent les adversaires
des coalitions sont incontestables; mais, comme les lois
physiques celles de la pesanteur, par exemple : en tant
que lois générales. Elles sont vraies idéalement, si on
les suppose agissant dans le vide, sans les mille obstacles qu'oppose la résistance des milieux, des événements, du temps. Dans la réalité, elles sont à chaque
instant, sinon contredites, du moins contenues, modi-
fiées, retardées. Les faits contingents les régissent au-

tant qu'ils en sont régis. Considérées comme des abstractions, résultat d'un très grand nombre d'événements contenus dans un long espace d'années, elles sont vraies. Prises comme règle concrète des évolutions journalières de la vie sociale, elles sont trompeuses. Ainsi, la science affirme que l'introduction des machines contribue à l'amélioration du sort des travailleurs. La machine, en effet, conduit au bon marché ; le bon marché du produit permet l'épargne du consommateur ; l'épargne du consommateur se résout d'une manière ou d'une autre en une demande de travail, et l'accroissement de la demande de travail se traduit en une hausse de salaire ; tout cela est exact. Il est cependant non moins exact que lorsque l'imprimerie a été introduite, tous les copistes ont été ruinés, et que, pour la plupart d'entre eux, cette invention n'aura été qu'une catastrophe sans compensation. De même il est certain que le prix du travail est le rapport existant entre le capital affecté au payement des salaires, la demande, et le nombre des travailleurs qui offrent leurs services, l'offre. Mais ce n'est pas instantanément que le prix des salaires se proportionne ainsi aux exigences réelles de l'offre et de la demande. C'est à la suite d'une oscillation incessante, d'un va-et-vient perpétuel. Le taux moyen, le prix courant, est une ligne idéale sur laquelle le taux réel passe et repasse, sans jamais s'y arrêter immobile. Souvent l'état du marché justifierait une hausse ou une baisse que la coutume toute-puissante ici, comme dans toutes les autres manifestations de la vie humaine, empêche ou retarde. Dans ce cas, la coalition des maîtres, en attaquant la coutume qui tient

le taux des salaires trop élevés ou celle des ouvriers,
en contestant la coutume qui les tient trop bas, n'entreprend rien qui soit contre le bon sens. Leur succès ne
sera pas factice; au lieu de faire obstacle à la loi économique, il l'aidera.

Les économistes n'ont pas tort, lorsqu'ils enseignent
que le développement de la production est un moyen
très-efficace, d'améliorer les salaires. Toutefois, ce n'est
pas le seul. Une meilleure répartition des produits peut
y servir aussi. Il est certain que le caractère des rapports vrais entre le travail et le capital est l'harmonie
et non l'hostilité, le concours et non l'antagonisme;
quel que soit le contrat intervenu entre le patron et
l'ouvrier, qu'on l'appelle salaire ou participation, au
fond, le mot vrai est association. Le salaire n'est qu'une
forme perfectionnée de la collaboration primitive, la
substitution d'un bénéfice fixe à forfait au bénéfice mobile et aléatoire. Le véritable rival du capital, c'est le
capital qui lui fait concurrence, et non le travail, qui le
féconde; le compétiteur sérieux du travail, c'est le travail qui s'offre en même temps, plus encore que le
capital qui l'assiste. Même à y regarder de près, le capital n'est que l'autre nom du travail: le travail proprement dit, c'est le travail actuel; le capital n'est que
le travail accumulé. Aussi tout ce qui profite au travail
profite au capital et le capital s'enrichit de tout ce dont
bénéficie le travail. Chaque progrès, ainsi que l'a remarqué Bastiat, augmente la part absolue de chacun
d'eux dans le partage du produit de la collaboration; la
seule différence est que la part proportionnelle du capital diminue sans cesse comparativement à celle du tra-

vail. Je ne veux me servir d'aucune parole équivoque ou de nature à éveiller de mauvais sentiments, toutefois je dois ajouter que l'harmonie finale qui s'établit entre le capital et le travail ne s'opère pas par enchantement, sans efforts. L'entrepreneur, désireux que son profit soit aussi considérable que possible, se trouve en présence de trois personnes : le vendeur des matières premières, le consommateur des articles manufacturés et l'ouvrier. Ainsi que l'a remarqué excellemment M. Dupont-White, il lui est difficile d'imposer la loi au vendeur des matières premières et au consommateur. L'un est maître de ne pas vendre, l'autre de ne pas acheter, à des conditions désavantageuses. L'ouvrier est moins fort, parce que la nécessité le contraint à offrir ses services. C'est sur lui que l'entrepreneur essaiera de gagner; il s'efforcera de tenir le salaire bas, même au delà de ce que l'état du marché comporte.

Par quel moyen l'ouvrier se défendra-t-il contre les prétentions avides ou les entraînements égoïstes, par quel moyen obligera-t-il les entrepreneurs à restreindre les profits dans des limites raisonnables, s'il ne peut se concerter avec ceux qui ont un intérêt semblable au sien ? Comment ! tout pouvoir humain rencontre un contrôle qui l'empêche de devenir oppressif, et celui des entrepreneurs serait sans frein ? Les princes, les peuples, les pontifes sont surveillés, contrôlés, contenus : les entrepreneurs seuls seraient déclarés infaillibles; tout ce qu'ils décident serait considéré comme juste ! M. Léon Faucher lui-même, quoique très-hostile aux coalitions, ne pense pas qu'il soit sage de le décider, puisqu'il affirme « que les coalitions n'ont pas toujours tort, et qu'à dire vrai, le droit est rarement du côté du maître » (*Etudes sur l'Angleterre*, t. 2, p. 55).

Quelques exemples rendront ces pensées plus saisissables. Supposez que, dans un pays quelconque, les conditions normales de l'industrie soient tout à coup changées par un nouveau tarif, et qu'au lieu d'être défendues par des prohibitions ou des droits élevés les produits n'obtiennent plus aucune protection. Transitoirement, au moins, ce changement de regime pèsera sur les profits des industriels et, toutes choses demeurant égales, leurs gains seront moindres. Le moyen d'empêcher ou de modifier ce résultat, c'est d'abaisser les salaires. Craindre que si le maître est tout-puissant, il impose au travailleur une réduction plutôt que de se contenter d'un profit réduit; est-ce se montrer trop défiant envers la nature humaine? Dans ce cas la coalition possible des ouvriers n'aidera-t-elle pas les mouvements secrets de la conscience, pour conseiller un sacrifice momentaré, dont le dédommagement ne se fera pas attendre? — Un entrepreneur sans capitaux suffisants, ou présomptueux ou malhabile, se fait adjuger au rabais une entreprise considérable. Le prix qu'il a accepté est insuffisant. Il est menacé de ne réaliser aucun bénéfice, d'être en perte. Est-il bien improbable qu'il essaie de faire tomber les salaires au-dessous du taux normal, afin de retrouver ses profits sur ce qu'il enlèvera au travail? La coalition, dans cette hypothèse, ne sera-t-elle pas, de la part de l'ouvrier, l'exercice le plus naturel du droit de légitime défense et non une révolte contre les lois inflexibles de la répartition? — Une révolution monétaire a lieu dans un pays. L'or devient tout à coup très-abondant, par conséquent il se produit, non une hausse dans la valeur, mais une hausse dans le signe de la valeur, une hausse dans le prix des objets. Le prix du travail doit participer à ce mouvement ascensionnel. Il en est ainsi, mais à la *longue*. Voilà un petit mot plein d'angoisses. En effet, l'observation démontre que la hausse ne se produit pas d'abord sur les salaires; elle commence à se manifester sur les denrées de première nécessité, puis elle gagne les produits manufacturés, ce n'est qu'en dernier lieu qu'elle s'étend aux salaires. En quoi des coalitions formées pour accélérer un mouvement nécessaire, dont le retard est une cause de souffrances cruelles pour des multitudes; en quoi des coalitions qui agissent dans le sens de la nature des choses, sont-elles répréhensibles; en quoi sont-elles téméraires? Le succès ne serait-il pas le rétablissement et non la négation des lois économiques?

Les mêmes raisonnements en sens inverse pourraient être faits en faveur de la coalition des patrons, si l'on suppose une dépréciation du signe monétaire et une baisse des prix.

La nécessité de lutter contre la coutume, de contenir la tendance du capital à exagérer au détriment du salaire sa part de profits, sont des considérations économiques qui expliquent comment, sans se mettre en contradiction avec des lois certaines, les coalitions quelquefois améliorent la situation de ceux qui les organisent. Voilà pourquoi les charpentiers ont réussi, en 1832, à élever leur salaire de 3 fr. à 3 fr. 50; en 1833, de 3 fr. 50 à 4 fr.; en 1845, de 4 fr. à 5 fr.;

pourquoi les typographes ont obtenu la modification d'un tarif qui, remontant à 1843, n'avait subi que quelques modifications en 1850 ; pourquoi les bouchonniers du Var ont fait monter de 25 cent. le mille de bouchons, qui depuis des années était à 1 fr. 25 ; pourquoi les ouvriers chapeliers de Lyon ont obtenu, en 1842, 35 cent. au lieu de 30 pour une façon de feutrage qui se paye aujourd'hui 50 cent. ; pourquoi, enfin, en Angleterre, de nombreuses coalitions énumérées par un recueil digne de foi, la *Revue de Westminster* (juil. 1860), ont réussi en 1836, 1848, 1859 ; pourquoi, en 1853, il y a eu dans le même pays une hausse générale de 10 p. 100 même de 15 p. 100 pour les mineurs du pays de Galles. Et remarquez qu'il ne s'agit pas de ces succès remportés par quelques privilégiés au détriment de la masse, mais de succès de bon aloi, au profit d'un grand nombre, qui, après avoir été obtenus, ont duré, parce qu'ils étaient conformes à l'équité, telle qu'elle résultait de la situation générale et de l'état particulier de chaque marché.

De quelques-uns de ces faits ou à d'autres analogues M. Mac-Culloch a conclu ce qui suit : « Non-seulement une coalition volontaire, quand la violence ne s'y joint pas, est l'exercice du droit qu'ont les ouvriers de décider par eux-mêmes ; mais quand elle a pour objet d'élever les salaires qui ont été indûment réduits, elle est opportune et il est à propos qu'elle se forme. On ne trouve pas beaucoup de maîtres qui consentent à augmenter les salaires ; il y a fort à parier que les réclamations d'un ou de plusieurs individus ne recevront aucun accueil, aussi longtemps que leurs camarades continueront à travailler au prix contre lequel ils protestent. C'est donc seulement quand tous les ouvriers ou la plupart des ouvriers qui appartiennent à une usine ou à une industrie se coalisent entre eux ou qu'ils agissent par un concert qui équivaut à une coalition et refusent de continuer le travail à moins d'obtenir une augmentation de salaire, qu'il devient de l'intérêt immédiat des maîtres de faire droit à la demande qui leur est adressée. Il en resulte évidemment que, sans l'existence d'une coalition, soit hautement avouée, soit tacite, ces ouvriers ne parviendraient jamais par leurs propres efforts à une hausse de salaires et qu'ils resteraient à la discrétion des maîtres dont la concurrence en fixerait le taux. »

J'ai supposé jusqu'à présent la coalition défendant le salaire contre le profit. La difficulté augmente si le profit est descendu à son minimum, le salaire restant encore trop bas. Le soulagement ne peut venir alors que d'une élévation de prix imposée au consommateur. La tentative est périlleuse, toute augmentation de prix pouvant produire un resserrement de la consommation, par suite une restriction de la demande, une diminution de travail. Il n'en est pas cependant toujours ainsi ; sur certains objets la consommation n'est que légèrement arrêtée par une augmentation de prix, et ce qu'elle demande en moins est compensé par ce qu'elle paye en plus. Une coalition qui élève le salaire dans ces circonstances ne violente pas les lois économiques. « Il est vrai, dit M. Stuart-Mill, que le consommateur fait les frais de cette hausse, mais le bon marché des marchandises n'est désirable que lorsqu'il a pour cause une dépense moindre de travail dans leur production, et non lorsqu'il vient de ce que le travail employé à la production est mal rémunéré. »

Les coalitions ont encore réussi, sans se mettre en contradiction avec les lois inflexibles des salaires, lorsqu'elles étaient motivées par des raisons de salubrité ou par le désir de se soustraire à des règlements abusifs. En 1854, les ouvriers fondeurs demandèrent qu'on employât la fécule comme agent séparateur, au lieu de poussier de charbon dont ils redoutaient l'influence délétère. Les patrons refusèrent en prétextant l'excédant de dépense qu'occasionnerait cette substitution. Les ouvriers se mirent en grève, ils furent poursuivis, quelques-uns condamnés à cinq ans de prison. On leur fit grâce quinze jours après, et aujourd'hui la fécule est partout employée, sans que les dépenses de fabrication soient augmentées. Il y a eu des grèves d'ouvriers fileurs pour obtenir un meilleur mode de mesurage. M. Rouher avait en vue des demandes de cette nature lorsqu'il disait, en 1849, que la coalition peut être morale, respectable même dans son principe.

16. Ne voulant flatter dans ce travail les passions de personne, et mon but unique étant l'exposé scrupuleux de la vérité, j'ai dû rapporter les arguments favorable aux coalitions avec autant de franchise que j'ai présenté ceux qui leur sont contraires. Cette méthode me paraît plus efficace que la dissimulation prudente qui n'indiquerait que des revers, sans tenir compte des succès, ou que la confiance optimiste qui ne dirait que les avantages sans montrer les périls. Si

les uns et les autres ne se contre-balancent pas toujours dans une même coalition, il est du moins d'une
extrême difficulté d'indiquer la limite insaisissable qui
sépare le revers du succès et l'avantage du péril. Lorsque la grève réussit, les économistes n'ont point assez
reconnu, à mon gré, que la société trouve une ample
compensation à un trouble momentané dans l'impulsion féconde imprimée à l'industrie par toute hausse
normale des salaires. Ils n'ont du moins rien dit qui ne
soit d'une triste exactitude dans leur description des
maux sans nombre qui sont pour les ouvriers la conséquence d'une coalition, même juste et heureuse, ni
exagéré les désastres qui suivent une coalition injuste
et malheureuse. On a fait en Angleterre, une femme
surtout (1) dans un roman célèbre, des récits poi-
gnants de la détresse des ouvriers engagés dans des
grèves téméraires; la fiction, quelque éloquente qu'on
la suppose, n'atteint pourtant pas le pathétique de la
réalité. Si je n'étais arrêté par la nécessité de me restreindre, je raconterais quelques-uns des épisodes des
luttes anglaises, de celles notamment qui ont éclaté à
Londres en 1859 et 1861, dans l'industrie du bâti-
ment. Je ne puis cependant négliger tout à fait les
utiles enseignements qui résultent de ces expériences.
Je m'arrêterai un instant aux célèbres grèves de Preston en 1853, et de Colne en 1860.

Les ouvriers de Preston se coalisèrent afin d'obtenir
dans toutes les manufactures une augmentation de
10 p. 100; trente-deux patrons, quoique trouvant les

---

(1) *Marie Barton*, par M^{rs}. Gaskell.

prétentions des ouvriers excessives, y accedèrent;
quatre seulement résistèrent. Pour les vaincre, les
ouvriers eurent recours à des moyens de pression tels
que les manufacturiers qui avaient cédé comprirent
que la cause de leurs quatre confrères devenait la leur;
ils retirèrent leurs concessions et, opposant à la coalition partielle des ouvriers une coalition générale, ils
fermèrent leurs ateliers et 25,000 individus se trouvèrent sans travail. De ce jour commença entre les patrons et les ouvriers une lutte qui dura six mois.
L'Angleterre entière y prit part; les ouvriers de
toutes les villes vinrent en aide aux ouvriers, les ma-
nu'acturiers de tous les districts secoururent les industriels. De part et d'autre on fit des efforts gigantes-
ques. Les ouvriers surtout furent prodigieux d'activité
et de résignation. Guidés par un chef intelligent,
Georges Cowel, un des plus parfaits orateurs popu-
laires qu'il y ait eus, ils employèrent toutes les ressources des luttes légales; les *meetings* succédaient
aux *meetings*; des délégués ardents circulaient dans
le pays entier : on les voyait partout, dans les voitures
publiques, à la porte des ateliers ou des boutiques,
dans les foires, dans les réunions, la main tendue, les
récits enflammés à la bouche. Sur les murs des villes
les affiches les plus émouvantes arrêtaient les indiffé-
rents. « Un mois s'est écoulé, disait l'une d'elles, depuis que trente mille ouvriers sont sans ouvrage et
réduits à vivre de la charité publique. Depuis ce
temps, les pleurs versés par la veuve aux pieds de
l'oppresseur, ont été recueillis dans le vase de la justice de Dieu. Les cris de l'orphelin affamé sont montés

aussi haut que ceux des Juifs esclaves en Egypte.
Pour ces veuves, pour ces orphelins, nous implorons
votre pitié. » La poésie venait en aide à l'éloquence,
et les larmes coulaient de tous les yeux lorsqu'on
chantait la complainte de la mère qui a perdu sa fille :
« Venez et consolez-moi dans ma douleur. Je reste à
gémir seule sur cette terre. Mon enfant chérie m'est
ravie, et je dois maintenent pleurer à jamais. Elle
était pour moi tout ce que je pouvais souhaiter. Si elle
m'avait été conservée j'aurais été contente. Mais, hélas !
elle est morte martyre de la cause du *dix pour cent.* »
— Tout fut inutile. Quand ils travaillaient, les ouvriers
touchaient par semaine 12,000 à 13.000 liv. sterl.,
les cotisations, les quêtes, les secours extérieurs ne
dépassèrent jamais 4,000 livres par semaine. Les
épargnes s'épuisèrent ; il fallut vendre les vêtements,
les meubles ; la faim arriva avec son hideux cortège.
Alors commença le découragement, la défiance ; les
chefs furent d'abord moins obèis, puis ce fut contre
eux et non contre les patrons que la poésie populaire
dirigea ses traits : « Cowel n'a pas la pensée de reprendre jamais son travail soit avec le fuseau ou la na-
vette, soit avec la pioche ou la bêche. Il appartient aujourd'hui à une bande d'hommes qui savent bien que la
meilleure besogne est celle de l'orateur. Cowel a une
langue dangereuse, il nous a dit que nous aurions de plus
beaux salaires ; mais Cowel nous a longtemps trompés,
car cette lutte sans espérance ne finit pas. Nous mou-
rons de faim ; mais qu'importe à nos délégués ? Réunis autour d'une table bien garnie, chaque jour ils
deviennent plus gras et nous devenons plus maigres. »

Enfin, un jour parut sur les murs de la ville une af-
fiche signée par les directeurs de la coalition qui disait : « Nous engageons les ouvriers à reprendre leur
travail jusqu'à une occasion plus opportune. » Seulement les patrons avaient perdu approximativement
165,000 liv. sterl. (4,125,000 fr.), et les ouvriers
certainement 250,000 liv. (6,250,000 fr.). Et quelques jours après on lisait les lignes suivantes dans un
journal de Preston : « Les résultats de la terrible catastrophe que nous venons de traverser dépassent les
plus sinistres prévisions. Nos rues sont encombrées
de malheureux qui demandent vainement du travail;
leur place est prise par des ouvriers étrangers ou de
nouvelles machines suppléent au défaut de bras. D'ici
à longtemps ils sont condamnés à rester sans occupa-
tion. Des milliers de familles ont enduré les plus sévères privations; elles ont contracté des dettes qu'une
génération ne parviendra pas à éteindre, et quelque
déplorable que soit l'état présent de notre ville, nous
sommes convaincus que nous n'en sommes pas aux
dernières conséquences de ce mouvement insensé. »

La grève de Colne a eu lieu en 1860. Les exigences
des ouvriers étaient : une élévation de salaire, l'établissement d'un tarif uniforme sans aucun allégement
en raison de l'excédant de dépense imposée à certains
patrons par les désavantages de la localité ou du matériel employé, enfin le droit reconnu aux officiers de
l'union ouvrière d'intervenir dans les débats entre
maîtres et ouvriers. Les maîtres refusèrent. Le 7 juin,
quatre mille métiers furent arrêtés et quinze cents ouvriers se trouvèrent sans travail. La lutte dura pendant

cinquante semaines ! après quoi les ouvriers vaincus durent se soumettre et subir, à la suite des misères de tous genres, les conditions qu'au début ils avaient rejetées avec mépris. Les pertes que cette grève leur avait occasionnées étaient telles, qu'en supposant l'augmentation de salaire obtenue, ce n'est qu'au bout de vingt-huit ans qu'ils eussent retrouvé la position dont ils jouissaient avant la grève.

17. Osons le dire, la certitude des rudes épreuves réservées à ceux qui entreront dans des grèves est un des motifs principaux en faveur de la liberté des coalitions. L'idéal serait de permettre celles qui sont justes, d'interdire celles qui ne le sont pas. Malheureusement, il n'existe aucun moyen de distinguer les unes des autres ; il faut les permettre toutes ou les défendre toutes. Les défendre toutes est contraire aux principes ; les permettre toutes serait contraire à la prudence, si la société restait sans garantie. La garantie, nous la plaçons dans le mal que se feront à eux-mêmes les imprudents qui abuseront du droit de se coaliser. Loin d'être insuffisante, la peine sera souvent plus sévère qu'il ne serait désirable. Ceux qui appellent la liberté, comme ceux qui la repoussent, oublient trop que les pouvoirs qu'elle confère sont au prix de la plus sérieuse responsabilité. L'esclave devient serf, puis homme libre ; il se réjouit, et il a raison, car l'homme qui n'est pas libre, ainsi que l'a dit Homère, a perdu la moitié de son âme : mais si la vie est désormais plus haute, combien aussi n'est-elle pas plus difficile ! Personne ne le contraint plus, mais personne non plus n'a le devoir légal de l'assister ; il est seul, exposé aux

incertitudes du travail, sans refuge, s'il n'a été pré-
voyant contre les chômages, les maladies, la vieillesse.
La responsabilité a crû en raison de la liberté. De
même, cette loi promulguée, les ouvriers pourront organiser des grèves sans crainte d'être poursuivis. Ils
auront ainsi un pouvoir nouveau, et dans leur existence de travailleur, avec plus de liberté, il y aura,
sinon plus de bien-être matériel, du moins plus de
dignité. Cependant, qu'ils hésitent longtemps avant de
se servir du droit qu'on leur donne. Qu'ils n'y aient
recours qu'à la dernière extrémité, en désespoir de
cause, quand toute chance d'arrangement sera défini-
vement évanouie! Tous ceux qui leur sont dévoués du
cœur et non des lèvres les en supplieront : qu'ils ne
se précipitent pas en aveugles dans les coalitions, qu'ils
ne se confient pas trop aux promesses de la grève. Des
dangers les menacent désormais dont ils ne connais-
saient pas la gravité. En même temps que leur liberté
s'est accrue, se sont accrues aussi les occasions de
faillir. Et toute faute, qu'ils y pensent bien, retombera
en malheurs, en larmes sur eux, beaucoup plus que
sur les patrons qui peuvent attendre, beaucoup plus
que sur la société qui sait se défendre !

La grève, c'est la guerre avec ses nécessités, avec
son caractère destructeur, ses duretés, ses violences.
ses emportements, ses colères, avec son accompagne-
ment obligé de deuils, de dévastations. Comme à la
guerre, dans les grèves, les innocents sont atteints pour
les coupables ; les femmes, les enfants, les vieillards
supportent les maux qu'ils n'ont point causés. De la
grève comme de la guerre il sort quelquefois du bien,

mais un bien mêlé d'amertume, qui laisse après lui les longs ressentiments, dont on ose à peine se réjouir : mais un bien tellement semblable au mal que l'historien a peine à l'en distinguer et que le philosophe n'y parvient pas. Seulement, de même que la guerre ne sera vaincue qu'à force de civilisation et de lumière, la grève aussi ne sera vaincue qu'à force de liberté et d'instruction. L'expérience du passé le prouve, la défendre, c'est en allumer le désir, la permettre ce sera en inspirer la terreur. Avec le temps la liberté des coalitions tuera la grève. Quand les ouvriers auront touché de leurs propres mains les limites infranchissables de la volonté humaine ; quand ils se seront exercés au maniement des faits, à la connaissance des lois économiques ; quand ils auront plusieurs fois encouru pour leurs entreprises injustes les censures de l'opinion publique, toujours disposée à les soutenir tant qu'ils sont désarmés ; quand, de leur côté, les patrons avertis des épreuves auxquelles ils sont exposés auront redoublé de bienveillance et de sagesse, les grèves deviendront plus rares, et d'un antagonisme passager naîtra, sinon l'accord sans nuages, du moins l'habitude des discussions loyales et conciliantes. En Angleterre, la liberté des coalitions a conduit au fameux *meeting* de Bolton, dans lequel les ouvriers eux-mêmes ont fortement déduit les raisons pour lesquelles la grève était mauvaise Si l'on était resté sous l'empire de la loi prohibitive, aurait-on jamais entendu un ouvrier tenir à ses camarades des discours tels que ceux de MM. John Brewer et Samuel Hill : « Quant à la condition de l'ouvrier, il reste encore beaucoup à faire pour l'élever à son niveau naturel ; mais l'ouvrier en a les moyens dans ses propres mains, et s'il néglige de les employer, il n'en doit accuser que lui-même. De tous les maux qui affligent les classes laborieuses, l'ignorance est décidément le plus grand. L'ignorance les expose à être trompées et ne leur permet pas de se former une opinion exacte sur les choses qui intéressent le plus leur bien-être. (Applaudissements.) Ce n'est point des manufacturiers que dépend le taux des salaires. Dans les époques de dépression, *les maîtres ne sont pour ainsi dire que le fouet dont s'arme la nécessité, et qu'ils le veuillent ou non, il faut qu'ils frappent.* Le principe régulateur est le rapport de l'offre avec la demande, et les maîtres n'ont pas ce pouvoir.— *Quant aux coalitions et aux grèves, il faut bien se garder de les encourager : elles ne produisent que du mal.* Supposez cinq cents fileurs, promenant leur oisiveté dans les rues ; ils ne seront pas les seuls à souffrir, eux et leurs familles ; car ils mettront dans la même position cinq mille ouvriers de la manufacture, qui n'avaient rien à démêler avec cette querelle, et la communauté industrielle tout entière s'en ressentira plus ou moins. *Évitons donc les coalitions à l'avenir.* » Tant que les coalitions étaient interdites, les grèves furent violentes. Les premières formées après les lois de 1824 eurent aussi ce caractère. En 1829 et en 1840 le meurtre, le pillage, l'incendie en étaient les épisodes habituels. En 1853, dans la grève de Preston, aucun crime n'a été commis ; sept personnes seulement ont été poursuivies parce qu'elles s'étaient opposées à l'arrivée d'ouvriers étrangers. Cette lutte douloureuse s'est déroulée sans que le gouvernement central ait été obligé de recourir à aucune mesure de répression extraordinaire. Pendant les cinquante semaines de la grève de Colne, aucun acte de violence n'a été commis; on n'a pas poursuivi une seule personne ! Dans la préface d'un livre dirigé tout entier contre les grèves, M. Watts déclare « qu'on ne doit pas oublier que la position actuelle de l'Angleterre, comparée à celle d'il y a vingt ans, dénote une amélioration des plus satisfaisantes dans la conduite des classes laborieuses en général. »

Aussi les économistes les moins favorables aux coalitions sont-ils presque tous d'accord en ce point que le législateur ne peut pas les interdire, et qu'en les supposant funestes, la liberté aura seule la vertu d'en guérir les ouvriers. Voici comment M. Stuart-Mill exprime cette opinion : « Mais bien que les coalitions destinées à maintenir l'élévation des salaires soient rarement heureuses et que, pour les motifs que je viens d'indiquer, leur succès soit peu désirable, le droit de se coaliser ne peut être refusé à aucune portion de la classe ouvrière sans trop grande injustice, ou sans l'exposer à se tromper beaucoup sur les causes desquelles dépend sa condition. Tant que les coalitions pour faire hausser les salaires ont été prohibées par la loi, les ouvriers ont cru que la loi était la cause réelle de l'abaissement des salaires, qui avait été, en effet, le but du législateur. L'expérience des grèves a, mieux que toute autre chose, appris aux ouvriers les rapports qui existent entre les salaires et l'offre et la demande du travail, et il est très-important que cet enseignement ne soit pas troublé. Mais on ne doit tolérer les coalitions qu'à la condition qu'elles soient tout à fait volontaires. *On ne peut pousser trop loin la sévérité utile contre ceux qui voudraient forcer les ouvriers à se joindre au corps d'état et à prendre part à une grève par des menaces ou par des violences.* La loi ne devrait pas punir la simple contrainte morale résultant d'une expression d'opinion, c'est à l'opinion plus éclairée à diminuer cette contrainte en rectifiant les sentiments moraux de la population. Indépendamment de toutes les considérations de liberté constitutionnelle, les intérêts les plus élevés de l'humanité exigent que toutes les expériences économiques entreprises volontairement puissent avoir pleine carrière, et que la VIOLENCE ET LA FRAUDE soient, de tous les moyens d'améliorer leur condition, les seuls qui soient interdits aux classes les plus pauvres de la société. »

Il n'y a aucune témérité, je crois, à affirmer que M. Léon Faucher lui-même serait aujourd'hui de l'avis de M Stuart-Mill. Lorsqu'il demanda à l'assemblée législative l'ajournement et non le rejet de la proposition faite par l'honorable M. Morin (dont il serait injuste de ne pas rappeler avec reconnaissance l'initiative intelligente et généreuse), la raison à laquelle il parut s'attacher surtout était tirée de notre régime commercial. La liberté des coalitions, disait-il, existe en Angleterre à certaines conditions. Ces conditions, les voici : « C'est que les ports d'Angleterre soient entièrement ouverts à l'industrie étrangère, et que quand une coalition a frappé de stérilité les ateliers nationaux, quand il n'y a plus d'ouvriers pour remuer les machines, les ouvriers étrangers produisent des marchandises qui viennent encombrer les marchés de l'Angleterre ; c'est là une ressource, une compensation pour le consommateur. Mais chez nous, nous avons un régime prohibitif, un régime protecteur, si vous voulez que j'atténue l'expression, et ce régime interdit l'accès de nos marchés aux produits étrangers. Eh bien ! si vous admettez les coalitions et qu'il en résulte que l'industrie nationale soit frappée pendant huit jours, quinze jours, un mois, cinq mois de stérilité, alors qui remplira vos marchés, qui les approvisionnera ? » Le nouveau système commercial sous lequel la France a été placée, aurait détruit les craintes de M. Léon Faucher. Notre marché est ouvert aujourd'hui à peu près autant que celui de l'Angleterre ; si la grève frappait de stérilité une branche de notre industrie, la consommation ne serait pas compromise ; les marchandises étrangères, appelées plus que de coutume, combleraient le vide accidentel. Les coalitions ont perdu en danger tout ce que notre marché a acquis en étendue.

L'incapacité des ouvriers à exercer un droit redoutable pour eux et pour la société, leur ignorance encore trop grande, la nécessité de prolonger une tutelle salutaire, sont les seuls motifs que l'économie politique laisse aux gouvernements qui veulent refuser la liberté des coalitions. En d'autres pays, ils ont peut-être leur valeur. Ils ne sauraient être invoqués chez un peuple dont toutes les institutions reposent sur le suffrage universel. Serait-il compréhensible qu'on refusât la faculté de se concerter sur le salaire, c'est-à-dire sur la question qu'ils peuvent connaître le mieux, à ceux qui, par l'autorité de leur nombre et le poids de leur suffrage, exercent une influence considérable sur la marche des affaires publiques et qui, par leur sagesse ou leur folie, leur modération ou leur emportement, contribuent à nous faire des destinées heureuses ou malheureuses ?

Ainsi, pour conclure, liberté absolue de la coalition à tous ses degrés ; répression rigoureuse de la violence et de la fraude, telles sont les données organiques que fournit la science. Tels sont aussi les deux principes qui résument la loi dont il me reste à vous présenter l'explication analytique.

II.

18. Désormais la coalition des patrons ou celle des ouvriers est absolument libre, c'est le point de départ de la loi. On a proposé de distinguer entre les coalitions justes et les coalitions abusives : nous n'avons pas admis cette distinction. Abusive ou non, juste ou injuste, la coalition est permise. D'autres ont demandé que la séparation fût établie entre les coalitions factices, violentes ou frauduleuses, et les coalitions naturelles, paisibles et sincères, et que les secondes étant licites, les premières ne le fussent pas ; nous n'avons pas davantage accepté cette distinction. La coalition violente, factice, frauduleuse, ne tombera pas plus sous le coup de la loi que la coalition naturelle, paisible et sincère. Les auteurs des violences et des fraudes seront poursuivis et punis ; la coalition sera respectée.

Nous n'avons pas voulu que, sous prétexte de rechercher le caractère d'une coalition et de s'enquérir si elle est juste ou injuste, abusive ou équitable, violente ou paisible, frauduleuse ou sincère, l'autorité judiciaire ou administrative pût reprendre indirectement ce qui lui est retiré directement. Ni la commission ni le gouvernement, qui s'est associé à ses vues, n'ont voulu faire une œuvre équivoque, retenir en ayant l'air de donner, cacher des piéges sous des apparences de liberté. Cette loi est loyale et sans arrière-pensées, elle accorde ce qu'elle promet, elle réalise avec courage un progrès considérable, poursuivi en vain depuis la révolution. Les anciens art. 414 et 415 sont abrogés : l'art. 1 le proclame en termes formels. Ceux qui les remplacent ne modifient pas l'ancien délit de coalition; ils en créent un nouveau : l'atteinte à la liberté du travail. Loin d'être une restriction du droit de se coaliser, ils en sont la garantie. Que dirait-on du propriétaire qui croirait son droit compromis parce qu'on punit le vol? C'est ce qu'il faudrait penser de ceux qui trouveraient la liberté de se coaliser menacée parce qu'on punit les violences et les fraudes.

Des personnes étrangères aux études juridiques se sont étonnées qu'avant de déterminer les peines contre l'atteinte à la liberté du travail, la lci n'ait pas affirmé cette liberté ; elles ont pris ombrage de ce qu'aucun article ne consacre, en paroles explicites, le droit de se coaliser. L'oubli des caractères de la loi pénale explique ces critiques. Tout ce qui n'est pas défendu étant permis, la loi pénale se borne à décider ce qui est un délit. Elle constitue bien une déclaration des droits, mais en sens inverse des déclarations ordinaires, elle permet en gardant le silence. Ce qui échappe à ses formules précises est du domaine de la liberté. Si la loi pénale déclarait ce qui est permis, tout ce qu'elle n'aurait pas autorisé resterait défendu, et il est difficile d'imaginer l'arbitraire dans lequel nous serions précipités.

19. (Art. 1 de la loi.) — L'atteinte à la liberté du travail peut être grave, elle peut être légère : punie dans les deux cas, elle le sera plus dans le premier que dans le second. C'est ce qui explique la différence entre la pénalité prononcée dans les art. 414 et 415 qui s'appliquent aux atteintes graves, et celle établie dans l'art. 416, qui n'a trait qu'aux atteintes légères. Les deux hypothèses doivent être examinées isolément.

20. 1° ATTEINTES GRAVES A LA LIBERTÉ DU TRAVAIL, ou, en d'autres termes, au libre exerce de l'industrie et du travail. Comprenons bien l'hypothèse. Un ouvrier ou même un individu quelconque pense que tel corps de métier, auquel il appartient ou auquel il n'appartient pas, devrait poser certaines conditions au patron, et, en cas de refus, se mettre en grève. En conséquence, il s'adresse à plusieurs membres de ce corps de métier, il les persuade. Les conditions sont proposées au patron, et sur son refus le travail est simultanément abandonné. Les ouvriers qui se sont mis en grève sont à l'abri de toute poursuite, puisque la coalition ne constitue plus un délit. Celui qui les a entraînés ne peut davantage être inquiété : il a usé d'un

droit. De même si, stimulés par l'un d'entre eux, les patrons ferment à la fois à leurs ouvriers les portes de leurs ateliers, ils n'ont aucun compte à rendre de leur conduite, et celui qui a tout mis en mouvement ne sera pas atteint plus que ceux qui ont suivi son impulsion.

Mais supposez que l'organisateur de la grève des ouvriers ou de celle des patrons n'ait réussi qu'en trompant déloyalement et sciemment ceux qui ont eu confiance en lui, ou bien que, rencontrant de la résistance, il se soit irrité et qu'il ait menacé, frappé : alors, la situation change. Les personnes qui, à la suite de ces actes répréhensibles, sont entrées dans la coalition, celles qui, les ignorant, s'y sont adjointes, sont à l'abri de toute recherche, puisque la loi respecte la coalition en elle-même, quels que soient son origine, son caractère, son but. Mais ceux qui se sont rendus coupables de la violence et de la fraude seront traduits devant la justice, non pas parce qu'ils auront provoqué une coalition, ce qui est licite, mais parce qu'ils ont, en la provoquant, commis des violences ou des fraudes et porté atteinte, par des moyens répréhensibles, à la liberté d'autrui.

L'art. 414 ne laisse aucun doute sur ces solutions ; il est impossible de se méprendre sur la portée qu'il peut avoir. Le délit qu'il crée est subordonné à l'existence de deux conditions :

1° Il faut qu'il y ait des violences, des voies de fait, des menaces, des manœuvres frauduleuses consommées et prouvées ; — 2° Il faut que ces violences consommées et prouvées aient eu pour but de porter atteinte, par une cessation simultanée de travail, à la liberté, soit du patron, soit de l'ouvrier. — Dès que l'une de ces deux conditions manque, le délit de l'art. 414 n'existe pas.

21. La première condition est clairement exprimée par les mots de violence, voies de fait, menaces, manœuvres frauduleuses. Nous avons cherché les termes les plus précis ; nous n'en avons par trouvé dans la langue du droit pénal qui le fussent davantage. Pour qu'aucun doute ne pût exister en pareille matière, nous aurions défini nous-mêmes chaque expression, si nous n'avions été arrêtés et par l'impossibilité de le faire et par le danger qu'il y aurait à le tenter. « Nous sommes convaincus, a écrit Rossi, dans son *Traité de droit pénal*, que si l'on adopte comme règle absolue la méthode, soit de substituer une définition à l'expression propre, naturelle, généralement reçue du délit, soit de joindre la définition au mot, on s'expose, entre autres inconvénients, au danger de s'écarter de la vérité. Il est trop difficile de trouver des phrases générales et précises en même temps, des expressions qui ne disent absolument rien de plus ni de moins que ce qui est enfermé dans le mot indicatif du délit... Le sens commun a parlé avant le législateur. Il a vu des hommes s'emparer malicieusement du bien d'autrui et les a appelés voleurs. Il a vu des hommes ôter la vie à leur semblable, et il les a appelés meurtiers, et il n'a jamais confondu avec eux celui qui tue son agresseur pour défendre sa vie, ni celui qui tue un animal. Qu'est-ce qu'un vol ? qu'est-ce qu'un meurtre ? tout le monde le sait. Mettez à la place

une définition, la plus grande partie du public ne saura
plus de quoi l'on parle. » — L'impossibilité dans laquelle se trouve le législateur de procéder d'une manière différente, de rendre inutile l'interprétation du
juge, est précisément ce qui donne tant d'importance à
l'organisation judiciaire d'un pays; ce qui en fait,
selon les publicistes, la garantie supérieure de la liberté et du droit. Quand le juge est corrompu ou faible, aucune loi pénale ne peut être bonne, car aucune
loi pénale ne peut être assez prévoyante pour prévenir
les interprétations forcées, les jurisprudences complai-
santes. Le remède, dans ce cas, ne saurait être dans
la recherche vaine de définitions dangereuses, encore
moins dans l'impunité assurée aux faits coupables, de
crainte que la disposition qui les atteint puisse être
étendue à des faits innocents ; il ne peut s'obtenir
que d'une organisation meilleure de la justice criminelle. Si les juges ne vous inspirent pas confiance, ré-
clamez-en d'autres ; mais n'énervez pas la loi pénale.
ne lui demandez pas de tomber dans des circonlocu-
tions dont la lourdeur ne corrigerait pas l'impuissance !

Fortifiés par ces considérations, nous avons suivi
le précepte donné par Rossi, nous avons choisi des
expressions dont la signification fût séculairement fixée
dans la langue juridique et sur la portée desquelles le
sens commun parlât comme le législateur. Qu'est-ce
qu'une violence, qu'est-ce qu'une fraude ? tout le monde
le sait ! Si nous avions mis à la place une définition,
elle eût été fausse, incomplète, élastique, dangereuse,
et la plus grande partie du public n'eût pas su de quoi
nous lui parlions

7

22. La violence doit en général se manifester par des coups et blessures, elle peut aussi exister sans cela. Ainsi on se rend coupable de violence lorsque, sans frapper, on saisit au corps, on jette à terre, on arrache les cheveux, on crache au visage. Avant la révision de 1863, il était au moins douteux que ces violences dites légères, ou non qualifiées, fussent atteintes par la loi. Merlin pensait qu'il devait en être ainsi. « Supposons, dit-il, une réunion nombreuse de personnes, soit dans un édifice public, soit dans une maison particulière : une de ces personnes qui en voit une autre de mauvais œil et la juge, sans en rien dire, indigne de faire partie de cette réunion, la saisit et la jette dehors. Ce n'est là sans doute qu'une violence légère, mais quoiqu'elle ne soit accompagnée d'aucune injure verbale, en compromet-elle moins l'honneur de celui sur qui elle est exercée ? » (*Répertoire*, v° *Violence*). Henrion de Pansey opinait autrement (*Compétence des juges de paix*, c. 19). Le nouvel art. 311, par l'addition des mots *ou autres violences ou voies de fait*, a tranché la difficulté selon l'avis de Merlin. Les termes généraux de notre article embrassent les violences légères aussi bien que les violences graves et qualifiées.

La menace peut être verbale ou écrite, être faite avec ou sans ordre, avec ou sans condition, avec l'ordre de faire ou avec l'ordre de ne pas faire.

Les manœuvres frauduleuses supposent la réunion de quatre circonstances. 1° D'abord la fraude, c'est-à-dire, comme dit Merlin, *la tromperie, l'action faite de mauvaise foi.* « La loi n'a voulu atteindre ni les projets téméraires et hasardeux ni les entreprises inpensées. Si l'agent a cru au succès, s'il a été lui-même dupe de sa folie, s'il s'est trompé de bonne foi, il cesse d'être responsable, aux yeux de la loi pénale, des efforts qu'il a faits pour entraîner les tiers dans son erreur » (Faustin-Hélie, t. 5, p. 311). 2º Des actes combinés artificieusement pour surprendre la confiance. « Les paroles artificieuses, les allégations mensongères, les promesses, les espérances ne sont point isolées de tout fait extérieur, des manœuvres ; il faut qu'elles soient accompagnées d'un acte quelconque destiné à les appuyer et à leur donner crédit » (Faustin‑Hélie, p. 308). 3º Les manœuvres frauduleuses doivent être de nature à faire impression, c'est‑à‑dire n'être pas d'une telle grossièreté qu'elles n'aient pu raisonnablement agir sur ceux qu'elles avaient en vue d'entraîner (Faustin-Hélie, p. 315). 4º Enfin elles doivent avoir été *déterminantes*, c'est‑à‑dire avoir porté atteinte, par le moyen d'une coalition, à la liberté des patrons ou des ouvriers. — Le mot *manœuvres coupables*, trop vague, n'exprimait pas la nécessité de ces quatre conditions ; c'est pourquoi nous l'avons rejeté et remplacé par celui de *manœuvres frauduleuses* qui, en restant général, n'est ni vague, ni équivoque, ni susceptible d'être indéfiniment étendu. — Ainsi une coalition a lieu : les coalisés se cotisent entre eux ; des ouvriers d'un autre état, des étrangers même, dans une pensée de commisération ou parce qu'ils sont convaincus du bon droit de ceux qui font grève, fournissent des sommes d'argent à la coalition ; cette assistance ne constitue pas une manœuvre frauduleuse. L'institution des caisses de chômage n'a pas davantage ce caractère. Tombe‑t‑

elle sous le coup de la loi des associations ? Nous n'a-
vons pas à le décider ; il nous suffit de constater qu'elle
n'est pas atteinte par le mot de *manœuvres frauduleuses*.
Afin qu'il n'existât aucun doute sur ces deux solutions,
nous avons écarté du projet les mots *dons* et *promesses*.
— Des ouvriers travaillent en paix ; plusieurs de leurs
camarades, ayant résolu de faire grève, les attendent
à la sortie de leur atelier ; ils les pressent d'imiter leur
exemple, promettent leur assistance, étalent avec exagération les chances de succès, le nombre des adhé-
rents, exaltent la justice de leur cause ; dans tous ces
actes, ou autres analogues, il y a l'exercice bon ou
mauvais d'un droit, et non l'emploi de manœuvres frauduleuses. — Au contraire, un chef d'industrie voulant
ruiner son concurrent, ou des agitateurs politiques désireux de jeter dans la rue, à un jour donné, une quantité considérable de peuple, soudoient des ouvriers afin
qu'ils fassent cesser simultanément le travail dans un
ou plusieurs ateliers ; des organisateurs d'une grève,
pour triompher des résistances, affirment des faits qu'ils
savent mensongers ; ils attribuent aux patrons des résolutions qui n'ont pas été prises ; ils annoncent le succès dans la ville voisine de prétentions analogues aux
leurs, alors qu'il n'en est rien, et qu'ils le savent. Ces
divers actes constituent des manœuvres frauduleuses.
— Les mêmes hypothèses renversées indiqueront en
quoi consistent les manœuvres frauduleuses de la part
des patrons.

23. La deuxième condition qui doit s'ajouter aux
menaces, violences, manœuvres frauduleuses pour con-

stituer le délit, c'est l'atteinte à la liberté du travail
ou, en d'autres termes, au libre exercice de l'industrie
ou du travail. Ordinairement cette atteinte consistera,
de la part des patrons, à vouloir injustement abaisser
le salaire ; de la part des ouvriers, à tenter abusivement de l'élever. Elle pourra porter sur les autres conditions du travail : sur le travail à la tâche substitué
au travail à la journée, sur la durée des heures de travail ; elle se manifestera quelquefois par la résistance
opposée à l'introduction d'une nouvelle machine ou à
l'admission des apprentis.

24. Entre ces deux conditions que nous venons d'expliquer, il y a une différence essentielle : le délit
n'existe pas si la violence, la fraude n'ont pas été consommées ; la tentative ne suffirait pas. Il existe si l'atteinte à la liberté du travail, par l'abandon simultané
des ateliers, a été simplement tentée. La gravité du danger social, le caractère sacré du droit violé nous ont
décidés à admettre sur ce dernier point la criminalité
de la tentative. Il est bien entendu que la tentative prévue par nous est celle définie par l'art. 2 c. pén. : celle
qui aura été « manifestée par un commencement d'exécution et qui n'a été suspendue que par des circonstances indépendantes de la volonté de son auteur ; »
celle qui a été définie par un criminaliste qui fait autorité dans la science, l'éminent professeur de la faculté
de Paris, M. Ortolan : « La tentative n'existe en droit
pénal que lorsqu'il y a un acte ou une série d'actes,
non-seulement extérieurs, mais actes de mainmise tendant à l'accomplissement du délit. — D'où la consé-

quence que ni la menace, ni la résolution concertée et arrêtée entre plusieurs, ni la provocation par paroles ou par écrit à commettre un délit, ne sauraient être qualifiées de tentative ; une telle qualification serait contraire à la nature même des choses, serait une falsification des faits et des termes : il n'y a pas encore eu mainmise à l'œuvre. — Lorsque l'agent en est venu aux actes préparatoires, peut-on dire qu'il y ait tentative?... A vrai dire, les actes préparatoires ne tendent pas à produire par eux-mêmes le mal du délit ; ils ne sont qu'un préalable, qu'une préparation à agir ; ce n'est pas au délit lui-même que l'agent a mis la main, il ne l'y mettra que par le premier acte d'exécution » (*Droit pénal*, n° 989. V. aussi n° 1031). Afin qu'il n'existe aucun doute sur cette signification de la loi, nous avons écarté le mot de *provocation* qui ne se référait qu'à des actes préparatoires, et nous n'avons pas reproduit les expressions de l'ancien art. 414 : *Suivie d'une tentative ou d'un commencement d'exécution*, dont le jurisconsulte Carnot (*Commentaire du code pénal*, 2, p. 412) avait pris texte pour soutenir qu'elles caractérisaient une tentative spéciale, pouvant se manifester autrement que par un commencement d'exécution.

25. Nous avons ajouté au mot *amener* une cessation de travail celui de *maintenir*. Amener une grève qui n'existe pas ou en maintenir une qui existe, c'est accomplir une action identique.

26. Après avoir décrit le délit, il nous reste à indiquer la peine. Le maximum est de trois ans de prison

et de 3,000 fr. d'amende. Dans le projet du conseil d'Etat il pouvait être de cinq ans de prison et de 10,000 fr. d'amende. Le minimum est de six jours de prison et de 16 fr. d'amende. Sachant combien la prison est une peine cruelle pour l'ouvrier, dont la famille se trouve privée de pain par la détention de son chef, nous avons voulu que le minimum pût descendre jusqu'à n'être qu'une simple amende. Dans le projet du conseil d'Etat le minimum était de six mois de prison et de 500 fr. d'amende, sauf l'action des circonstances atténuantes. — La distance qui separe le minimum de la peine de son maximum nous a semblé suffisante pour que le juge pût proportionner la peine à l'imputabilité personnelle de chaque coupable, et frapper plus ou moins suivant le degré de l'intention perverse, de l'intelligence et de l'influence exercée. Il ne nous a pas semblé bon d'édicter une aggravation particulière contre les meneurs. S'il y a des meneurs pour exciter, il y en a pour retenir. En essayant d'atteindre les premiers on s'expose à décourager les seconds. Nous n'avons pas voulu que lorsque des ouvriers pleins de bonne volonté auront été choisis par leurs camarades comme étant plus capables que d'autres de débattre avec les patrons des questions de travail, ils soient nécessairement punis avec une sévérité particulière si plus tard, la lutte les ayant entraînés, ils se sont abandonnés à quelque acte de violence ou de fraude !

27 (416 du projet, 415 de la loi). L'art. 415 prévoit une circonstance aggravante du délit puni par l'ar-

ticle précédent. Dans l'art. 414, la violence ou la fraude est l'acte d'un seul ou de plusieurs qui ne s'étaient pas préalablement concertés. Dans l'art. 415, elle est l'acte de plusieurs qui s'étaient préalablement entendus et concertés pour la commettre. Cette entente constitue une aggravation de la culpabilité, devant entraîner une aggravation de peine. L'art. 109 c. pén punit de six mois de prison au moins et de deux ans de prison au plus celui qui, par attroupement, voies de fait ou menace, aura empêché un ou plusieurs citoyens d'exercer leurs droits civiques. L'art. 110 ajoute aussitôt : « Si ce crime a été commis par suite d'un plan concerté pour être exécuté soit dans tout l'empire, soit dans un ou plusieurs départements, soit dans un ou plusieurs arrondissements communaux, la peine sera le bannissement. » L'art. 541 est analogue à l'art. 110. L'aggravation de peine qu'il prononce consistera en la faculté pour le juge de placer le coupable sous la surveillance de la haute police pendant deux ans au moins, cinq ans au plus. Cette peine spéciale est du reste limitée à ce cas unique. Le projet du conseil d'État l'étendait aux auteurs de provocations suivies d'effets et aux chefs ou moteurs.

28. Art. 416. 2° *Atteinte légère portée à la liberté du travail*. Elle résulte, aux termes de l'art. 416, des amendes, défenses, proscriptions, interdictions, prononcées soit par les patrons contre les ouvriers, soit par les ouvriers contre les patrons, soit par les ouvriers les uns contre les autres. Ces mots n'ayant jamais donné lieu à aucune difficulté, n'exigent pas

d'explications — Dans le projet du conseil d'Etat, ainsi que dans le nôtre, le délit n'existe que si les amendes, défenses, proscriptions, interdictions, sont prononcées en exécution d'un accord préalable, d'un concert. Nous avons exigé, comme seconde condition, que les amendes, défenses, proscriptions, interdictions, aient porté atteinte à la liberté du travail. La tentative ne suffirait pas, ni même le *prononcé*, ainsi que le disait l'ancien art. 416. Au prononcé doit se joindre la preuve qu'en fait le libre exercice de l'industrie et du travail a été empêché. — La peine sera de six jours à trois mois de prison, de 16 à 300 fr. d'amende ou de l'une de ces deux peines seulement.

29. (Art. 2 de la loi.) Depuis la première constituante, les coalitions des ouvriers agricoles sont réprimées par les art. 19 et 20, tit. 2, de la loi des 28 sept. et 6 oct. 1791, ainsi conçus : — « Art. 19. Les propriétaires ou les fermiers d'un même canton ne pourront se coaliser pour faire baisser ou fixer à vil prix la journée des ouvriers ou les gages des domestiques, sous peine d'une amende du quart de la contribution mobilière des délinquants, et même de la détention de police municipale, s'il y a lieu. — Art. 20. Les moissonneurs, domestiques et ouvriers de la campagne ne pourront se liguer entre eux pour faire hausser et déterminer le prix des gages ou des salaires, sous peine d'une amende qui ne pourra excéder la valeur de douze journées de travail, et, en outre, la détention de police municipale. » — En 1849, on demanda que les coalitions des ouvriers des

campagnes fussent assimilées à celles des ouvriers des villes. La commission s'y refusa. « Les peines prononcées par le code rural, dit M. de Vatimesnil, sont moins sévères que celles qui ont été établies par le code pénal contre les patrons et les ouvriers de l'industrie. Cette différence de pénalité est raisonnable, parce que les coalitions qui peuvent se former dans les campagnes entraînent des désordres moins graves que celles qui naissent dans des centres d'industrie. Il n'y a donc pas lieu d'innover relativement à l'agriculture. » Il y a lieu d'innover aujourd'hui; il serait, en effet, contradictoire que permettant les coalitions réputées les plus dangereuses, on continuât à interdire celles que l'on présume inoffensives. La loi de 1791 est donc abrogée aussi bien que les art. 414, 415 et 416. — La violence et la fraude n'étant pas plus licites à la campagne qu'à la ville, les dispositions de la nouvelle loi s'appliqueront aux ouvriers des champs aussi bien qu'à ceux de l'industrie.

30. Le projet de loi dont je viens d'analyser les dispositions a subi dans la commission les critiques de deux minorités placées à deux points de vue opposés. L'une a pensé qu'il était inutile; l'autre a soutenu qu'il était insuffisant.

L'argumentation de la minorité qui croit le projet de loi inutile, quoique ayant été appuyée par de longs développements, peut se résumer en quelques mots. Nous ne voulons pas, a-t-on dit, que la violence, la menace et tous autres crimes ou délits commis à l'occasion d'une coalition, restent impunis; mais les dispositions générales de la loi pénale suffisent à empêcher ce résultat. Elles atteignent tout ce qui doit être atteint; une loi spéciale est inutile; elle sera impopulaire. Le mieux serait donc d'abroger simplement les art. 414, 415, 416, et de laisser au droit commun la répression des délits qui se mêleront à la coalition. — La majorité de votre commission n'a pas adopté ce système. Voici ses raisons : il n'est pas exact de dire en premier lieu qu'une loi spéciale soit inutile. Dans le droit civil tout dol est pris en considération par le juge; dans le droit criminel, le dol caractérisé peut seul être recherché. A défaut d'une disposition spéciale, la plupart des faits contenus sous l'expression de manœuvres frauduleuses échapperaient à la répression. Or tous les publicistes et tous les législateurs ont toujours pensé que la fraude, lorsqu'elle est accompagnée de manœuvres, était aussi coupable que la violence. Il y a même dans la fraude un caractère de lâcheté et de bassesse, de persistance et de préméditation, par conséquent, une nuance de culpabilité qui ne se rencontre pas au même degré dans la violence, dont l'explosion est toujours franche, si je puis dire ainsi, souvent subite ou passagère. J'ai cité le fragment dans lequel M. Stuart-Mill enseigne que la *violence* et la *fraude* doivent être interdites. Le dernier acte du parlement anglais, du 6 août 1861, punit « quiconque fera usage de MANOEUVRES FRAUDULEUSES ET DÉLOYALES pour arriver à l'augmentation des salaires, quiconque emploiera des MANOEUVRES FRAUDULEUSES ET DÉLOYALES contre le commerce, l'industrie ou les manufactures , ou contre les personnes qui s'adonnent à ces professions (1). »

Une disposition spéciale contre la violence et la menace ne sera pas davantage inutile. La peine a deux limites qu'elle ne peut jamais dépasser, qu'elle doit toujours atteindre : celle de la justice ou du mal moral, celle de l'utilité ou du mal social. Or la justice n'est-elle pas atteinte davantage lorsqu'au fait déjà coupable de la violence s'ajoute l'intention plus coupable encore de porter atteinte à la liberté du travail? Si un ouvrier est blâmable de frapper un de ses camarades dans une rixe, ne l'est-il pas plus encore de le frapper pour que, malgré lui, il quitte l'atelier, c'est-à-dire qu'il abandonne son gagne-pain, qu'il livre à la misère une femme, des enfants qui ne peuvent attendre sans doute la fin d'une grève peut-être injuste? Punir également ces deux faits, n'est-ce pas contraire à la justice? La violence ou la menace dirigée contre le travail ne produit-elle pas aussi plus de dommage social que n'en occasionne la violence ou la menace née d'un moment de colère ou d'un sentiment de vengeance? Est-ce graduer la peine selon l'utilité sociale que de frapper l'une autant que l'autre?

Les dispositions qu'on invoque sous le nom de droit commun confirment ces solutions, par voie d'analogie. Est-ce que pour punir la menace ou la violence, il n'existe dans ce droit commun qu'un article embrassant toutes les hypothèses par l'ampleur de ces termes?

---

(1) Toute la législation étrangère est analysée dans le remarquable exposé des motifs de M. Cornudet.

Nullement. Chaque situation particulière est prévue par une disposition spéciale. La peine de la violence varie suivant la perversité de l'intention (art. 295 à 305, 310, 311, § 2), la gravité du préjudice individuel (art. 309, 311), du dommage social (art. 186, 209, 228, 263, 381), la qualité des victimes (art. 312, 354), les circonstances qui ont accompagné le délit (art. 313, 279). — La même dégradation s'observe dans la répression des menaces, dont la peine oscille de six jours à trois mois jusqu'à cinq ans (art. 305, 306, 307, 308, 456, 381-5°). — Les nouveaux art. 414, 415, 416 introduisent une distinction de plus parmi ces distinctions. A l'échelle ascendante selon laquelle sont classées les violences ou les menaces ils ajoutent un échelon de plus, ils ne s'écartent pas du droit commun, ils le complètent. Les lois pénales sont d'abord générales à l'excès ; sous une même qualification elles embrassent beaucoup de faits inégaux en culpabilité. L'esprit humain débute là comme ailleurs par des généralisations mal faites. A mesure que les intelligences se délient, les nomenclatures primitives sont abandonnées ; on distingue, on sépare, on analyse, on classe. Chaque action, examinée de près, est traitée selon ce qui est réellement et non plus selon des observations superficielles. Aussi le progrès scientifique consiste-t-il à diviser des articles et non à les réunir, à spécialiser les délits et non à les généraliser. Avant la révision de 1863, la peine prononcée contre les coups et blessures dépendait de la durée de l'incapacité de travail qui en était la suite. S'était-elle prolongée plus ou moins de vingt jours ? Il n'y avait

rien autre à rechercher. Si la maladie n'avait pas dépassé vingt jours, les coups et blessures eussent-ils
produit la cécité ou une mutilation permanente, étaient
punis moins que la contusion passagère qui interrom-
pait le travail pendant plus de vingt jours. Cette bi-
zarrerie, blâmée par les jurisconsultes, était la conséquence d'une généralisation vicieuse. La division du
même article en deux paragraphes, prononçant deux
pénalités différentes, l'a fait disparaître sans que personne ait pensé qu'on sortît par là du droit commun.
Ce qui était naturel alors, l'est encore aujourd'hui.
Vouloir que deux actes diversement coupables soient
punis de même, créer ainsi un privilége au profit de
l'un d'eux, voilà qui est vraiment se placer dans le
droit exceptionnel. Vouloir que la punition de chaque
délit soit proportionnée autant que possible au mal
moral et au mal social, c'est rester dans toute la pu-
reté du droit commun, c'est le perfectionner, le rap-
procher un peu plus de la forme toujours fuyante de la
justice abstraite !

Le savant rapporteur de la loi belge, M. Pirmez, a
défendu cette doctrine dans les termes suivants : —
« Faut-il porter des peines spéciales contre les faits
qui portent atteinte à la liberté du travail ? Oui, l'injure, la violence sont par elles-mêmes des infractions
contre l'honneur ou la sûreté de celui qui en est l'objet ; ce caractère leur est essentiel ; si elles sont com-
mises pour le contraindre à un acte auquel il n'est pas
astreint, un nouvel élément de criminalité s'ajoute à
leur caractère principal ; le fait n'attente plus seulement à l'honneur et à la sûreté, il attente encore à la

liberté. Le mal commis est donc plus grand et la peine doit être plus forte. Par la même considération des actes qui ne sont pas par eux-mêmes au rang des délits peuvent y être placés parce qu'ils sont dirigés contre le droit d'autrui. Quelque légère qu'elle soit, quelque forme qu'elle revête, la contrainte doit être réprimée ; c'est une voie qu'il faut fermer complétement, des faits peu importants conduisent à de plus graves et la grandeur du droit lésé compensera d'ailleurs très-amplement l'exiguïté de l'offense.

En 1849, on introduisit dans la loi organique électorale du 15 mars, les deux articles suivants. — Art. 106. Ceux qui par voies de fait, violences ou menaces contre un électeur,... l'auront déterminé ou auront tenté de le déterminer à s'abstenir de voter, ou auront soit influencé, soit tenté d'influencer son vote seront punis d'un emprisonnement d'un mois à un an et d'une amende de 100 fr. à 2,000 fr.— Art. 107. Ceux qui à l'aide de fausses nouvelles, bruits calomnieux ou autres manœuvres frauduleuses, auront surpris ou détourné, tenté de surprendre ou de détourner, déterminé ou tenté de déterminer un ou plusieurs électeurs de s'abstenir, seront punis d'un emprisonnement d'un mois à un an, etc., etc. — Il n'est aucune des objections précédentes qui ne pût être opposée à ces deux articles : le prétendu vague des expressions, l'inutilité d'une dérogation au droit commun, le danger de créer un droit spécial, la nécessité de rendre la loi agréable à ceux qui doivent la subir. Les jurisconsultes, les orateurs prêts à empêcher, à dénoncer tout au moins la violation des principes, étaient nombreux dans la seconde assemblée constituante ; cependant aucune réclamation ne s'est élevée, et ces articles transmis d'une loi à l'autre sont devenus, sans que personne s'y soit opposé, une règle habituelle de la législation électorale !

31. La loi, du moins, a-t-elle à redouter l'impopularité ? Nous le regretterions, parce que cette impopularité serait une injustice. A parler net, nous ne le craignons pas. Le mot de *droit commun* mal compris a troublé quelques ouvriers. La réflexion les ramènera et plus encore l'expérience. Quand ils auront comparé ce qu'ils pourront à ce qu'ils ne pouvaient pas, il faudra bien qu'ils reconnaissent l'efficacité de la loi ; lorsqu'ils se seront convaincus que les nouveaux articles ont pour but de les protéger contre leurs patrons ou contre le despotisme de leurs camarades, autant que de protéger les patrons et la société contre eux, ils repousseront les pensées de défiance. Quelle que soit en réalité leur impression première, nous ne redoutons pas leur jugement définitif.— « Demandez au premier venu, disait Bastiat en défendant à l'assemblée législative la proposition Morin, demandez à qui vous voudrez si la loi est injuste, partiale, lorsqu'elle se contente de réprimer l'intimidation, la violence ? Tout le monde vous dira : Ce sont de vrai délits. Supposez, ajoutait-il, le procureur de la République disant : Nous ne poursuivons pas parce que vous vous êtes coalisés ; vous étiez parfaitement libres. Vous avez demandé une augmentation de salaire, nous n'avons rien dit ; vous vous êtes concertés, nous n'avons

rien dit; vous avez voulu le chômage, nous n'avons rien dit; vous avez cherché à agir par la persuasion sur vos camarades, nous n'avons rien dit. Mais vous avez employé les armes, la violence, la menace, nous vous avons traduits devant les tribunaux. L'ouvrier que vous poursuivrez ainsi courbera la tête, parce qu'il aura le sentiment de son tort et qu'il reconnaîtra que la justice a été impartiale et juste. » Nous avons la même confiance que Bastiat. Nous espérons davantage : nous espérons que la majorité des patrons et des ouvriers ne rendra pas nécessaire l'application de ces articles et que leur action sera bien plutôt préventive que répressive.

32. La minorité qui croit la loi insuffisante a surtout insisté sur le danger des grèves subites et intempestives. Dans certains moments, a-t-elle dit, une suspension de travail non prévue, c'est la ruine de l'industriel. Puisque vous accordez à l'ouvrier le droit de se coaliser, exigez au moins qu'il en use avec loyauté, qu'avant de se mettre en grève il avertisse le patron et lui accorde un certain délai ; ou bien adoptez le système belge, érigez en délit la rupture des engagements lorsqu'elle a lieu en exécution d'un concert préalable. — La majorité de votre commission, après mûr examen, n'a pas cru qu'il fût sage d'adopter ces idées. — Il lui a paru contraire aux principes de retarder par un délai légal l'exercice du droit des ouvriers. Les contrats ne naissent que de la volonté des parties ; le législateur peut en subordonner l'existence à des conditions déterminées ; il n'a pas la puissance

d'intervenir dans le domaine réservé à la liberté contractuelle et d'édicter d'office une condition dans un contrat d'ailleurs régulier. Si les ouvriers sont engagés à la journée, on n'a pas le droit de leur imposer l'obligation de continuer le travail malgré eux, durant un certain nombre de jours. S'ils ont contracté des engagements, il est inutile de créer un délai légal, puisque de l'engagement lui-même naît un délai contractuel. Il en est de même, en l'absence de tout contrat exprès, lorsque la coutume établit tacitement un lien d'une certaine durée entre le maître et l'ouvrier.

Le système belge (1) accepte pour point de départ les idées que je viens de rappeler. Il reconnaît le droit

-----

(1)   *Projet de code pénal belge.*

Art. 347. « Sera punie d'un emprisonnement de huit jours à trois mois et d'une amende de 26 fr. à 1,000 fr., ou de l'une de ces deux peines seulement, toute cessation de travail, non notifiée quinze jours à l'avance, et résultant d'une coalition, soit entre ceux qui travaillent, soit entre ceux qui font travailler, et en violation d'usages locaux ou de conventions; le délai de notification est porté à un mois pour les industriels que protégent des engagements comportant au moins cette durée.

» Sera punie des mêmes peines toute cessation générale de travail faite sans ces avertissements par un ou plusieurs chefs d'atelier ou d'usine, même sans coalition, mais en dehors des cas de force majeure et en violation des mêmes usages ou contrats.

» Ces peines pourront être élevées jusqu'au double à l'égard des chefs ou moteurs. »

de se coaliser sans aucun avertissement, avant l'expiration de tout délai, lorsqu'il n'existe aucun engagement exprès ou tacite. Il ne propose de peine contre la
coalition subite que lorsqu'elle est formée pour violer
des engagements préexistants. — Aucun principe essentiel, on doit le reconnaître, n'est méconnu par ce
système. La rupture d'un contrat donne ouverture à
une action en dommages-intérêts devant les tribunaux
civils ; mais, le législateur peut prendre en considération et l'inefficacité présumée de l'action civile, le dommage social causé, et attacher une peine à la violation
de certains engagements civils. La théorie du stellio-
nat, celle de la banqueroute simple ou frauduleuse
n'ont pas d'autre base. « Le droit de propriété a dit
avec raison le rapporteur de la loi belge, M. Pirmez,
est le même sur les immeubles que sur les meubles. En
général, pourtant, l'usurpation d'un fonds de terre ne
donne pas lieu à l'application d'une peine, tandis que
l'enlèvement d'un objet mobilier est puni ; et cette différence trouve sa complète justification dans cette double circonstance que le premier attentat est aussi facile à constater et à réprimer que l'autre l'est peu ; de
là résulte l'inutilité de la protection pénale pour la propriété immobilière et sa nécessité pour la propriété
mobilière. » Notre législation industrielle contient des
précédents qu'on pourrait invoquer. Un édit du 27 déc.
1729 interdit aux ouvriers et voituriers de quitter le
haut fourneau pendant qu'il est en feu, sous peine de
300 livres d'amende. Un règlement du 29 janv. 1739
et un arrêté du 16 fruct. an 4 édictent des dispositions
semblables relativement aux papeteries. La cour de

Bourges, par arrêt du 21 déc. 1837, a jugé que l'édit de 1729 était maintenu par l'art. 484 c. pén. (Sirey, 1837, 2, 166). Le tribunal de Saint-Omer, par jugement du 30 mars 1841, a décidé que le règlement général sur les manufactures du 22 germ. an 11 avait abrogé les règlements spéciaux sur les papeteries; cependant un magistrat, E. Bourdon, a soutenu l'avis contraire (*Revue de législation*, juin 1841. V. aussi Morin, *Répertoire*, v° *Ouvriers*).

Si le système belge est irréprochable en droit, il est critiquable en fait. Nous ne connaissons pas l'embarras de l'industriel surpris par une grève imprévue, et nous trouvons indigne la conduite d'ouvriers qui profiteraient d'une situation engagée pour rompre leurs contrats. Mais nous ne croyons pas que le système belge puisse rien contre un pareil danger. En général, les ouvriers, tous les prud'hommes que nous avons entendus l'ont déclaré, observent leurs engagements avec loyauté. Si l'on suppose que, malgré cette louable habitude, ils se coalisent dans un cas exceptionnel pour les violer, il est à présumer qu'une passion impétueuse s'est emparée d'eux, les maîtrise et les entraîne. Dans ce cas, l'intérêt bien entendu des patrons est, au lieu de les retenir, de les renvoyer le plus tôt possible. S'ils restent, ils travailleront mal, troubleront ceux de leurs camarades qui ne partagent pas leur ardeur, causeront peut-être du dommage à l'outillage de l'établissement. Inutile dans les coalitions honnêtes, le système belge est inefficace et dangereux dans les coalitions inexorables. Il a en outre l'inconvénient de présenter des difficultés presque insurmontables dans l'application.

Si l'engagement a une durée assez longue, on est obligé de n'en punir l'inexécution que pendant une période déterminée, à moins de créer, sous prétexte de protéger le maître, la quasi-servitude de l'ouvrier. Ce qui conduit à l'inconséquence, puisqu'on n'attache pas la peine à l'inexécution pendant toute la durée du contrat; à l'arbitraire, puisqu'on détermine sans le consentement des intéressés le délai dont l'inobservation serait punissable. De plus, on s'expose à ce que l'ouvrier, peu familier avec la distinction du droit civil et du droit criminel, supposant licite ce qui échappe à la peine, arrive peu à peu à ne plus considérer comme obligatoire civilement la partie de l'engagement dont la violation n'entraine pas une intervention de la justice correctionnelle, et qu'ainsi ne s'affaiblissent en lui les sentiments d'honneur qui en l'ennoblissant donnent aux patrons leur meilleure garantie. Enfin, pour établir une égalité au moins apparente entre les patrons et les ouvriers, le projet belge a dû déclarer punissable la violation de tous les engagements envers les ouvriers commise par un seul patron, en dehors de toute coalition. Puis comme cette concession, dans certaines hypothèses, conduisait à des résultats monstrueux, il a corrigé aussitôt ce qu'il venait d'accorder, en ajoutant : « En dehors des cas de force majeure. » Ces mots suffiront pour couvrir les patrons dans la plupart des cas ; ils ne les soustrairont pas cependant aux tracasseries, aux procès. Les patrons sont intéressés autant que les ouvriers au rejet du système belge.

33. La majorité de votre commission, dans son désir

de donner satisfaction à tous les intérêts légitimes,
n'a pas cru que déclarer impraticables les propositions
de la minorité, ce fût avoir tout à fait rempli son devoir : elle a cherché elle-même s'il ne serait pas possible d'organiser un préservatif contre l'explosion in-
stantanée des grèves. — Avant de plaider, on est
obligé de comparaître en conciliation devant le juge de
paix; la tentative d'ordre amiable se place avant l'ordre judiciaire; d'après le congrès de Paris, la guerre
doit être précédée d'un essai de médiation. Pourquoi,
s'est dit la majorité de votre commission, la guerre
industrielle ne serait-elle pas, comme la guerre judiciaire, comme la guerre politique, précédée d'un essai
de conciliation? Souvent la division naît d'un malen-
tendu que des propos mal rapportés enveniment, que
l'amour-propre rend à la fin irréconciliable. L'obligation de comparaître devant des tiers désintéressés,
d'expliquer les griefs réciproques aurait tout au moins
l'avantage de dissiper les malentendus, de ne laisser
debout que les motifs réels de désaccord. Un peu de
temps serait ainsi gagné. A l'emportement des premières impressions succéderait peut-être le calme des
dispositions conciliantes. Si, malgré tous les efforts,
la reconciliation ne s'opérait pas, la coalition du moins
serait une lutte à armes loyales, et non une surprise
organisée dans des conciliabules souterrains. Les con-
seils des prud'hommes semblent créés pour remplir cet
office. A leur origine, de 1806 à 1810, ils n'avaient
pas d'autre rôle que celui de conciliateurs. Depuis que
leurs décisions sont devenues obligatoires, ils ont toujours mis leur honneur à concilier beaucoup plus qu'à

juger. Ouvriers et patrons les respectent également. Aucune intervention ne saurait être plus efficace. Le seul danger serait qu'elle voulût le devenir trop, qu'elle tendît à la constitution d'un tribunal des salaires. On rendrait cette tentative impossible en défendant aux prudhommes d'émettre un avis, en cas de non-conciliation. Ils se borneraient à dresser un procès-verbal, constatant sans aucun détail que les parties ayant comparu n'ont pu s'entendre. Pour augmenter encore les chances de rapprochement, on pourrait ne considérer l'intervention des prud'hommes que comme une nécessité subsidiaire, et autoriser les parties à choisir elles-mêmes les personnes devant lesquelles elles désirent comparaître. Enfin, le système serait complété par une peine plutôt morale qu'afflictive prononcée contre ceux qui commenceraient une coalition sans s'être préalablement soumis à la tentative de conciliation. L'article suivant nous avait paru une formule suffisante de ces diverses idées : — « Seront punis d'une amende de 16 fr. à 200 fr. et de la privation des droits politiques pendant un an au moins et six ans au plus tous ouvriers ou entrepreneurs d'ouvrages qui, par suite d'un plan concerté, auront cessé ou fait cesser le travail sans avoir eu préalablement recours à une tentative de conciliation. — La tentative de conciliation aura lieu devant les personnes désignées d'un commun accord par les parties : à défaut d'accord, devant le conseil des prud'hommes; lorsqu'il n'existera pas de conseil de prud'hommes, devant une commission mixte, composée en nombre égal de patrons et d'ouvriers, et formée par le président du tribunal de commerce. — Si la tentative de conciliation échoue, soit parce qu'il a été impossible de s'entendre, soit parce que les parties appelées n'ont pas comparu, il sera dressé procès-verbal faisant sommairement mention que les parties n'ont pu s'accorder. »

Le gouvernement et les commissaires du conseil d'Etat ont repoussé ce projet. Autant, nous ont-ils dit, une tentative de concilation volontaire est désirable, autant une tentative de conciliation obligatoire répugne aux principes. La liberté guérira elle-même les maux que causera la liberté. Reconnaître un droit pour le limiter aussitôt est une mauvaise pratique. Ce qui a surtout motivé l'opposition de MM. les commissaires du gouvernement à notre projet, c'est la crainte que le tribunal des salaires ne fût contenu en germe dans la tentative de conciliation. Ils verraient un danger à flatter, même indirectement, la tendance qu'ont quelques ouvriers à poursuivre la fixation officielle du salaire. — Ces raisons ont paru graves à la majorité de votre commission, et l'ont décidée, quoique à regret, à ne pas insister pour l'adoption de son projet.

54. A l'occasion de la liberté des coalitions, on a soulevé la question du droit de réunion et celle du droit d'association. La commission a cru qu'un examen de cette nature n'entrait pas dans le mandat que vous lui aviez confié, et elle n'a pas voulu sortir du cercle que lui traçait le projet de loi.

III

55. Les explications que je vous ai données me per-

mettront, sans manquer de déférence envers nos collègues, d'apprécier, en peu de mots, les divers amendements qu'ils nous ont soumis.

L'honorable M. Darimon nous en a présenté un ainsi conçu :

Article unique. — « Les art. 414, 415 et 416 c. pén., relatifs aux coalitions des maîtres et des ouvriers sont abrogés et remplacés par les dispositions suivantes :

« Art. 414. Sera puni d'un emprisonnement de six jours à trois mois, et d'une amende de 16 à 500 fr., ou de l'une de ces deux peines seulement, toute personne qui, à la suite d'un concert ou même indépendamment de tout concert, aura commis des violences, proféré des menaces, prononcé des amendes, des interdictions ou toute proscription quelconque, soit contre ceux qui font travailler, soit contre ceux qui travaillent, quand ces actes auront eu pour effet de porter atteinte à la liberté des maîtres ou des ouvriers. — Art. 415. Seront punis des mêmes peines, ou de l'une d'elles seulement, les moteurs de rassemblements tumultueux près des établissements où s'exerce le travail ou près de la demeure de ceux qui le dirigent, quand ces rassemblements auront été provoqués dans le but d'attenter à la liberté du travail. — Art. 416. Seront considérés comme faisant usage d'un droit légitime, et, par conséquent, ne seront point passibles des peines portées aux deux articles précédents, NI D'AUCUNE AUTRE, les directeurs d'ateliers ou les ouvriers qui se seront réunis librement et pacifiquement pour s'entendre et arrêter des résolutions communes, soit sur le prix, soit sur les conditions du travail, même quand ces resolutions auraient eu

pour effet de suspendre et d'interrompre pour un temps
le travail dans un ou plusieurs ateliers

Les idées principales contenues dans l'amendement
de l'honorable M. Darimon sont conformes à celles que
la commission a adoptées. Les points de dissidence portent sur l'affirmation que fait l'honorable M. Darimon
dans l'art. 416 du droit de se coaliser et du droit de se
réunir. Bien qu'admettant comme lui le droit de se coaliser, nous avons dit pourquoi les exigences de la loi pénale ne nous permettaient pas de l'affirmer directement.
Quant au droit de réunion, il n'était pas l'objet de nos
délibérations; nous n'avons pas à nous en expliquer.

36. L'honorable M. Jérôme David a, le premier, pris
l'initiative devant la commission du système dit du
droit commun, qui consiste à supprimer purement et
simplement les art. 414, 415 et 416. Il n'a pas tardé à
comprendre l'imperfection de ce système, il a retiré son
premier amendement, pour en proposer un second dont
voici les termes : — « Chacun a le droit de disposer
de son travail de la manière la plus absolue, pourvu
qu'il se conforme aux lois et règlements. — Quiconque, par voies de fait, menaces, manœuvres ou intimidations exercées sur une ou plusieurs personnes, aura
mis des entraves à la libre disposition du travail d'autrui sera puni d'un emprisonnement d'un mois à deux
ans, et d'une amende de 100 fr. à 500 fr. » — Sauf
dans les détails, ce second amendement est, comme celui de l'honorable M. Darimon, conforme au projet de
la commission. Il ne s'en écarte que par l'affirmation
dogmatique qui constitue son premier paragraphe. Nous

avons déjà dit pourquoi nous n'avions pu admettre aucune déclaration de principes de ce genre.

37. L'honorable M. Napoléon de Champagny nous a proposé de « remplacer l'intitulé *Article unique* par *Article premier*, et, après cet article unique, qui comprend les trois articles modifiés du code pénal, ajouter: — Art. 2. La loi n'accorde aucune action pour l'exécution des engagements réciproques pris dans une coalition entre patrons ou ouvriers, ayant pour but de forcer l'abaissement ou la hausse des salaires, alors même que cette coalition ne tomberait pas sous l'application des art. 414, 415 et 416 c. pén. — Le § 2 de l'art. 1235 c. nap. est applicable à ces conventions. » — La question soulevée par cet amendement est sans nul doute d'un sérieux intérêt, mais comme elle se rattache au droit civil et non au droit pénal, nous n'avons pu, à notre grand regret, l'examiner avec l'attention qu'elle méritait.

38. Les honorables MM. Perras, Dechastelus, Le Clerc d'Osmonville, Charlemagne, Terme, Bouchetal-Laroche, nous ont soumis l'amendement qui suit: — « La coalition simple, soit de la part des patrons, soit de la part des ouvriers, sera punie d'un emprisonnement... et d'une amende de... si la fermeture de l'atelier ou l'abandon des travaux a lieu en violation d'engagements préexistants, ou n'a pas été notifié à l'avance. Les délais et les formes de la notification seront fixés par le conseil des prud'hommes de chaque centre industriel ou du centre industriel le plus voisin de l'ate-

'lier. » — Nous ne pouvions qu'accueillir avec une réelle sympathie l'amendement de nos honorables collègues : il répondait à des préoccupations que nous avons eues nous-mêmes. Malheureusement, nous croyons que, malgré la bonté de l'intention, le système n'est pas acceptable. En combattant l'opinion d'une des minorités de la commission, j'ai déjà indiqué les raisons qui s'opposent à l'établissement d'un délai légal. On ne saurait non plus admettre l'idée d'attribuer aux prud'hommes le droit d'établir en fait un délai dont la loi aurait reconnu la nécessité en principe ; ce serait conférer aux prud'hommes un droit qui n'entre pas dans leurs attributions. Une détermination de ce genre exige une loi ou un règlement d'administration publique. Un tribunal, quel qu'il soit, ne saurait être admis à s'ingérer dans une décision qui relève du pouvoir législatif, ou du pouvoir administratif lorsque la loi lui en fait la délégation.

39. Enfin les honorables MM. Oscar Planat, Garnier-Pagès, Carnot, Pelletan, Glais-Bizoin, Jules Simon ont produit un amendement semblable à celui qu'avait abandonné l'honorable M. Jérôme David ; ils ont proposé que la loi se composât d'un seul article ainsi conçu : — « Les art. 414, 414 et 416 c. pén. sont abrogés. » — J'ai longuement expliqué pourquoi nous avons repoussé cette proposition.

IV

40. Ce projet a inspiré beaucoup d'appréhensions

et fait naître des espérances illimitées. Les uns y ont
vu la perturbation de l'industrie, les autres, la solution
du problème social. Ces appréhensions ne sont pas
plus fondées que ces espérances. La liberté des coalitions ne produira ni autant de bien ni autant de mal.
— Toutes les fois qu'une innovation s'est opérée dans
l'ordre économique, elle a toujours été accueillie par
quelques-uns comme le remède souverain, par d'autres
comme le désastre irréparable. L'expérience a confondu
l'exagération des premiers comme celle des seconds, et
prouvé que l'accroissement des franchises industrielles
n'a jamais ni tout guéri ni tout perdu. Ce qu'on peut
affirmer, c'est qu'au prix de quelques souffrances indi-
viduelles, l'industrie, quoique restant soumise à de
nombreuses causes de crise, a toujours gagné en puissance ce qu'on lui a accordé en liberté, et que, si les
promesses des réformateurs n'ont pas été réalisées
toutes, un progrès durable a été le résultat constant des
innovations libérales ; tandis que les prophéties des dé-
fenseurs de l'immobilité n'ont presque toujours été que
de vaines menaces. Que d'exemples on en pourrait citer ! Lorsque Turgot eut fait rendre l'édit sur les maîtrises et jurandes, le parlement résista, et dans le lit
de justice convoqué le 12 mars 1776 à Versailles pour
l'enregistrement, l'avocat général Séguier disait : « Le
but qu'on a proposé à Votre Majesté est d'étendre et
de multiplier le commerce en le délivrant des gênes,
des prohibitions introduites, dit-on, par le régime ré-
glementaire. Nous osons, Sire, avancer à Votre Majesté
la proposition diamétralement contraire ; ce sont ces
gênes, ces entraves, ces prohibitions qui font la gloire,

la sûreté, l'immensité du commerce de la France... La liberté indéfinie fera bientôt évanouir cette perfection qui est la seule cause de la préférence que nous avons obtenue... Le commerce deviendra languissant, il retombera dans l'inertie d'où Colbert a eu tant de peine à le faire sortir... Les meilleurs ouvriers, fixés à Paris par la certitude du travail, par la promptitude du débit, ne tarderaient pas à s'éloigner de la capitale... Non-seulement le commerce en général fera une perte irréparable, mais tous les corps en particulier éprouveront une secousse qui les anéantira tout à fait. Les maîtres actuels ne pourront plus continuer leur négoce, et ceux qui viendront à embrasser la même profession ne trouveront pas de quoi subsister; le bénéfice trop partagé empêchera les uns et les autres de se soutenir; la diminution du gain occasionnera une multitude de faillites, etc. » — Lorsqu'en 1791 l'assemblée constituante eut renouvelé l'édit de Turgot, Marat dénonça cette loi comme le triomphe de l'intrigue, de la friponnerie et la perte de la France. Je ne sais si je m'abuse, disait-il, mais je ne serais pas étonné que dans vingt ans on ne trouvât pas à Paris un seul ouvrier qui sût faire un chapeau ou une paire de souliers. A la grossièreté près, le raisonnement ne diffère pas de celui que l'avocat général Séguier enveloppait de phrases élégantes. Nous savons tous comment se sont réalisées ces prophéties de malheur. Vingt ans après l'abolition des maîtrises et des jurandes, le commerce et l'industrie s'étaient perfectionnés plus qu'ils ne l'avaient fait auparavant en un siècle, et Chaptal avait le droit d'écrire : « Il faut que le régime de la liberté soit bien favorable à l'industrie, puisque, au milieu des événements qui paraissaient devoir en étouffer tous les germes, on l'a vue s'étendre, se perfectionner et prospérer » (*Industrie française*, t. 2, p. 325).

La liberté des coalitions, complément si longtemps attendu de la destruction des maîtrises et des jurandes, n'entraînera pas plus de désastres que n'en a entraîné la suppression des anciennes communautés d'arts et métiers. Elle ne sera pas la panacée universelle qui guérira tous les maux des ouvriers ; souvent même elle ajoutera des douleurs de plus à celles qu'ils éprouvent déjà ; elle n'entraînera pas du moins les catastrophes dont les pessimistes nous menacent. Nous sommes loin de contester que certains moments seront difficiles à passer, nous n'avons pas l'illusion de croire qu'il ne se formera jamais que des grèves inoffensives ou légitimes.

Mais nous avons l'espérance que nous ne verrons rien dans notre pays de semblable aux premières Unions anglaises. La nature bénigne des coalitions formées en France, malgré la loi qui les interdit, rapprochée de la violence sauvage de celles qui ont eu lieu en Angleterre dans les mêmes conditions, permet de présumer que les grèves françaises n'auront pas le caractère de ténacité violente, de décision implacable, de cruauté qu'ont deployé les grèves anglaises dans les premiers temps de la liberté des coalitions. L'ouvrier français est moins concentré, et dès lors moins violent que l'ouvrier anglais. Son intelligence vive et ouverte accueille plus vite une bonne raison. Il est beaucoup plus que l'Anglais disposé aux négociations et aux compromis. L'un se coalise pour vaincre, l'autre pour traiter. Veut-on flatter l'ouvrier anglais, on lui dit qu'il a un cœur de lion, veut-on l'insulter on lui dit qu'il a un cœur de chêne. Nos ouvriers ont un cœur d'homme. Leurs erreurs naissent presque toujours de l'exagération qui gâte les bons sentiments ou de l'ignorance qui les pervertit. Ce sont des défauts qu'il dépend de nous de corriger. M. Michel Chevalier a dit dans un discours de 1851 : « Il est indispensable aujourd'hui que les pensées d'amélioration populaire occupent dans l'esprit des riches et des puissants la même place qu'y remplissait, il y a quelques siècles, la fondation des monastères ou la délivrance des lieux saints. » Cette pensée est admirable. Que l'inspiration qui l'a dictée passe en nous ; qu'elle nous excite, qu'elle nous anime à chercher, à trouver les œuvres d'amélioration populaire ! Témoignons, sous toutes les formes, aux travailleurs que leurs maux nous tourmentent, et que l'impuissance seule et non la mauvaise volonté nous empêche de réaliser davantage : sans ostentation ni arrière-pensée faisons tous notre affaire, principale du combat contre la misère ; instruisons, aimons ceux qui, soit dans les villes, soit aux champs, portent une part si lourde du fardeau commun ; et mieux que par tous les autres moyens, nous amènerons ainsi les transactions nécessaires entre le capital et le travail, l'apaisement des haines, le développement harmonieux de l'industrie et la fin des grèves !

Imprimé par E. Thunot et Cᵉ, rue Racine, 26.